U0028097

簡單，

應對複雜世界的利器

不再內耗的六大心法，專注真正重要的事

心理諮詢師 姬曉安

suncolor 三采文化

序言

簡單生活，是最有效的人生管理術

整天忙著立標籤，打卡，卻堅持不了三天，總是被啪啪打臉？

感覺自己在沒時間、沒錢、沒前途的惡性循環中，越過越喪？

患有嚴重拖延症，總被任務的鞭子趕著走？

忙得要死，錢包卻並沒有鼓起來？

東西多，房間亂，大掃除不久，雜亂的生活又去而復返？

想法多，行動少，很多事情半途而廢，做了太多無用功？

為各種各樣的事情糾結，太多的事情難以取捨？

在人際交往中肯低頭肯讓步，仍然被世事刁難？

捨不掉的欲望越來越多，失望和迷茫也越來越多？

足夠努力足夠拚，生活依然舉步維艱？

以上十條，你中了幾招？

活在凡塵俗世中，生活的壓力，激烈的競爭，錯綜的人際關係……是每個人都不得不面對的問題，複雜是混亂而嚴峻的客觀事實。所以，很多人早已習慣了用複雜的心態去面對生活，用複雜的眼光去打量這個世界。

我們活得累，活得壓力大，活得挫敗感滿滿，歸根結底，就是因為被各種各樣的欲望所累，被各種各樣的選擇所困擾，被各種各樣的瑣事蠶食著時間和精力，消耗著生命的活力。

人生的苦惱，多來自於複雜。人生最可怕的事情不是不夠努力，而是總在方法不對的道路上低效努力著。人生最大的悲哀不是變成了自己討厭的樣子，而是變成了自己討厭的樣子，卻依然沒有過上想要的生活。生活是條單行線，日子過去就過去了，世上沒有後悔藥，但是卻有讓自己活得更好的藥方。

世界紛紛擾擾，那些活得從容篤定，活出精彩人生的人，必然都有一種化繁為簡的能力。當你以複雜應對複雜時，生活中處處是坑，步步扎心。當你以簡單應對複雜時，反而能俐落高效，一通百通。

簡單，就是應對複雜世界的利器！簡單生活，就是最有效的人生管理術。

然而，簡單生活，並不是一件容易的事，不是喝幾碗雞湯，喊幾句口號就能做到的。

複雜的世界裡，其實充滿簡單的邏輯。能否找到這個邏輯，認清這個邏輯，就是人與人之間拉開差距的重要原因之一。

那些高手，之所以成功，是因為他們對這種邏輯領悟得更早，應用得更好。

簡單生活，並不意味著簡陋的生活，它是經過思維躍遷之後，找到真正適合自己的成功路徑和生活方式，過上目標明確、真實自由的生活，也是從繁雜狀態中抽身而出的最有效的方法。想要過簡單生活，需要摒棄那些舊有觀念的束縛，提高認知水準，調整心態，給自己的頭腦、心智來一次脫胎換骨般的升級迭代。

當親愛的你翻開這本書時，會發現裡面不講廢話，只說方法，用近百個源自生活場景的生動故事，引出簡單生活的「心法」，讓我們從認知、心智、時間、關係、心態、生活六大角度，得到真正的提升。

當你學會了最簡單的方法管理時間，知道了最應該在什麼事情上用力，就能徹底擺脫忙亂疲憊的狀態；當你做到了物品和關係的雙重斷捨離，把沒用的物品和不好的人都請出你的生命，就會過上神清氣爽的生活；當你做到了以真性情待人，以硬實力護身，那麼無論生活的套路多麼深，你都會擁有自己的打法而顯得遊刃有餘；當你做到了刪繁就簡，攝心一處，專注於最重要的目標，就走上了距離成功最近的道路；當你做到了減少糾結，順勢而為，就會驀然發現，人生的快樂多源於簡單……當你簡單，世界也就變得簡單。做到了這一切，你的人生，自然就進階到了更好的版本。

簡單生活，說到底，是思想上的極簡，精神上的極簡，人際關係的極簡，生活方式的極簡，是一種最舒展最自由的生命狀態。

在簡單的生活裡，拋掉那些繁文縟節，唯有自己才是主角。你善待自己，珍視自己，把時間和資源都用在自己想做的事情上，不委屈自己，不浪費生命，自始至終跟自己喜歡的一切在一起。你用自己最珍貴的生命，編寫著屬於自己的最精彩的人生劇本。

好的故事不會拖戲，好的人生必定簡潔。願我們都能簡簡單單地做自己，擁有一個為自己訂製的人生，過上理想的生活。

CONTENTS

目錄

CHAPTER 2

生活有生活的套路，你有你的打法

／心智／

CHAPTER 3

學會選擇性放棄，不在無謂的事情上用力

／時間／

CHAPTER 4

學會對關係斷捨離，把一些人請出生命裡

／關係／

CHAPTER 5

知世故而不世故，歷圓滑而天真

／心態／

CHAPTER 6

／生活／人生的苦惱多來自複雜，人生的快樂多源於簡單

CHAPTER
1

／認知／

複雜世界，其實充滿簡單的邏輯

成功的人，必有過人之處，
在他們耀眼的成就下，隱藏著一個簡單的邏輯：
做更少但更好的事。

簡單生活，就是思維方式的升級

去年暮春，閨密虎兒給我發了一條微信：親愛的，你又錯過了那些花兒！看到這句話，我喟嘆了一會兒，又陷入到腳打後腦勺的忙亂中去了。

每年，虎兒都會邀我看花，我卻一而再再而三地錯過花期。

一年前的我，似乎要比身邊的人忙很多，也累很多，每天做事顧了這頭就顧不了那頭，像消防隊員一樣到處滅火，動不動就通宵加班，整日手忙腳亂。拉開梳妝臺的抽屜，基本上都是「熬夜面膜」、「救急面膜」、「約會面膜」之類緊急修復肌膚的護膚品。大多時候，早上一洗完臉我就急匆匆地塗點防曬霜出門，即使真有「男神」被我在街邊轉角碰到，頂著一張素顏的憔悴臉，也只能自認倒楣了。

上網看看，拖延症、完美主義強迫症、壓力上癮症……各種專業的不專業的心理學家們總結出來的各種「症」，似乎都能跟我對上症。

每天晚上帶著一身疲憊回家，看著城市的浮光掠影映在車窗上，心頭莫名地感到黯然。

有時候也自省，怎麼就把日子過成這樣？房間經常亂七八糟，屢屢放朋友鴿子；沒有時間好好陪伴家人，健身卡默默地躺在抽屜裡直到過期，為期一個月的游泳課上了兩次就再無下文；窗臺上的花兒早就乾枯了；搬家已經半年，書櫃還沒整理，很多書橫七豎八地堆在地板上……這種忙亂到沒有時間看花的生活，一點兒都不美。

人際關係似乎也不盡如人意，感覺生活中的各種關係，並不是在滋養我，而是在消耗我。午夜夢醒，竟委屈滿腹，覺得付出得不到回報，善意不被珍惜，努力打了水漂……思來想去，潸然淚下，十足的怨婦心態。

．．．

一個週末的早上，我哭了整整兩個小時，就為了一根電線。

難得想吃頓悠閒的早餐，卻找不到豆漿機的電源線，恨不得把廚房掘地三尺——就這麼大房間，一截電線還能藏到哪兒去？

一個小時過去了，我什麼都沒幹，掘地三尺就為了找一根電線。經過了找東西的煩躁、找不到的鬱悶以及徹底找不到的絕望之後，我徹底陷入了迷失混亂的情緒，趴在餐桌上瘋狂淚奔。

這一生，真不知道要浪費多少時間在「找找找」上面。

電源線這種小東西找不到也就罷了，發生在我家最靈異的事情是，掛燙機神秘失蹤了，要知道，算上支架，掛燙機足足有一米多高啊！追根溯源地回憶一下，這個掛燙機自快遞小哥手裡簽收之後，一次都沒有用過，當時也是急著出門，隨手就把它靠牆放在門口，那應該是我第一次也是最後一次見到它。

難道是家裡人當成廢品箱子扔了出去？追問後，每個人都鐵嘴鋼牙地賭咒發誓，從來都沒見過叫作掛燙機的勞什子。最後，母親大人悠悠地說了一句話，為這事結了案：「誰的東西誰管，你不及時收好，怪不著人家！」

我不知道自己哭什麼，是為了電源線、掛燙機，還是千頭萬緒總也理不清楚的生活。總之，就在一個沒喝到豆漿的週末，我的情緒突然就到了崩潰的臨界點。

與朋友聊天，很多人都有同感，在生活和工作中無法平衡，在面臨選擇的時候糾結不已，在複雜的人際關係中焦頭爛額，每天都以自己厭惡的狀態活著。總是盼望著忙完這一段時間就可以好好調整調整了，可是細思極恐——自己處於這種狀態竟然已經好幾年了！痛定思痛，發誓要給自己一個解脫，有時會像突然打了雞血一樣，處理雜物，簡化日常，規劃工作，好好經營人際關係……可清晰不了幾天，繁忙雜亂的生活又去而復返，心又在瑣事的消磨下一日日倦怠下來，周而復始。

．．．

最近兩年，因為工作的關係，我有機會採訪一些非常優秀的人，有些是行業大咖，有些是卓越的企業家，透過這些訪談，得以在他們的人生過往中穿行一遍。突然有一天，我驚訝地發現，這些世人眼中的成功人士，竟然有一個驚人的共同點，那就是——他們都活得非常簡單！

按我之前的想法，成功之人必有過人之處，縱然沒有三頭六臂，也是超人附身，常人無法企及。接觸多了之後，我承認他們的確有過人之處，但這個過人之處並不一定是超高的智商、天才的頭腦或者是上天賦予的好運氣。在他們耀眼的成就之下，隱藏著一個非常簡單的邏輯：做更少但更好的事。

這是一種化繁為簡並敢於捨棄的能力，以這種思維方式為出發點，就能夠做到把複雜的事情簡單化，以簡馭繁，拋掉一切不必要的干擾，將精力聚焦於自己的目標，以最快的速度抵達他們要去的地方。他們願景清晰，信念堅定，或許有大開大闔，大起大落，卻少了許多俗世煩憂。

莎士比亞說，簡潔是智慧的靈魂。

說起來很簡單，其實對人來說，這往往是反本能的。

多少雞湯文都在鏗鏘有力地告訴大家，什麼都搞得定的人，才是人生贏家！優秀的人大都是左手抱娃、右手簽單，一邊是柴米油鹽，一邊是烈焰紅唇，你必須靈魂有趣，還得貌美如花。潛意識裡，我們也覺得自己應該更有力、更全能，才能擁有更多，閱盡繁華，方能不負此生。

能夠獲得巨大成功的人少，因為不是每個人都能克服這種心理上的本能。

所以，簡單生活，是一條少有人走的路。

・
・
・

高手之所以比普通人做得更好，就是因為他們領悟得更早。

所謂的簡單生活，無非就是做自己想做的事，過自己想過的生活。

剛來北京的時候，我最大的心願就是希望能擁有一間自己的書房，有大大的落地窗，有一面牆的書櫃，有被朋友批評為「醬豆腐汁兒」顏色的紅地板，能靠寫文章賺錢養活自己，順便再「養養」夢想。

所以，對我來說，最想做的事就是寫作，最想過的生活，就是每天都能拿出幾個小時的時間，讀喜歡的書，寫想寫的字，餘生都能真誠地、安安靜靜地寫下去。

回頭一看，早已實現了。所謂初心，不過如此。如今，欲望蕪雜了，事務也就變多了，人的思想、精神、認知卻沒有隨之更新反覆運算，落差導致了痛苦。

如果我不能改變那些導致生活雜亂不堪的思維習慣，亂糟糟的生活狀態始終都會如影隨形。醍醐灌頂地明白了這個道理之後，突然就通透澄明了。原來，在繁亂的生活中揭竿而起，竟是件極容易的事。

我不會再為一些瑣事費心乏力，沒有技術含量的事儘量外包，省下時間做更重要的事；不會再為了獲得某種認可而苦苦忍耐，認可就認可，不認可就算了，我還照常過我的日子。有些苦，不必吃，有些期待，不必背負；不會再為了拒絕一些人的要求而心生愧疚，如果總在時間表裡排上「人情」兩個字，我早晚會在歲月流逝中變成一個一事無成的「熱心老阿姨」；不會再為一些眼前回報高的誘惑而動心，對於長遠目標毫無裨益甚至有所損害的事情，必須大刀闊斧地砍去。

踐行簡單生活的這一年多時間裡，我覺得自己獲得的成長，超過了之前很多年的總和。

攝心一處，真的是日久功深，提高了效率，工作也不再是苦役了；精簡了無效社交，給自己的朋友圈瘦身，反而遇到了志同道合的人，同時也開啟了創業之旅；做更有價值的事，收入比以前高了，也不再熬夜了，顏值似乎也變高了。

甚至，在很短的時間內，我從一個健身小白變成了瑜伽達人！總之，生活比以前有序，狀態比以前放鬆，心態比以前平和，還多了更多的時間照顧自己和家人。

按下了 delete（刪除）鍵之後，覺得自己的生活反而愈加飽滿。

簡單生活，說到底，人事上的極簡、思想上的極簡、精神上的極簡，是最舒服最舒展的一種生命狀態。回來好好地做自己——這才是真正的簡單生活。

我們都有
一顆渴望簡單的心

講一個比較極端的故事，是一段民國逸事。

一九二五年的一個夏日，民國四大公子中的兩位——張學良和盧筱嘉，正在與奉系軍閥頭目張宗昌喝茶閒聊，侍衛敲門進來，遞上一張名片，說是某報記者求見。張宗昌看了名片一眼說：「切了吧！」

「切了」的意思就是槍斃，張學良和盧筱嘉大驚：「為什麼殺他？」張宗昌皺著眉頭說：「那記者的名片上，光頭銜就列了十幾條，絕不是個好人，所以還是切了的好。」

以名片上的頭銜多少來決定一個人的生死，確實是草菅人命，但也足以說明，給自己羅列一堆頭銜，效果並不一定很好，反而可能會適得其反。

有時候去參加活動，大家互換名片，有些人的名片拿到手會嚇一跳，正面反面都印著密密麻麻的頭銜，加起來有十幾個之多。有些頭銜之間甚至沒有任何關聯，上一個是某文學協會會員，下一個是行銷專家，看得人一頭霧水，不知道對方到底是做什麼的，或者最擅長做什麼。

這年頭，似乎頭銜少了，或者沒有幾個高大上的頭銜加身，你都不好意思出來見人。

很多人以為，名片上寫滿頭銜就會顯得很有實力，恨不得將自己所有的輝煌過往都體現在一張小小的紙片上。

很明顯，為自己羅列一大串頭銜的人，無非是想貼一堆標籤來彰顯自己的個人價值，但個人價值這個東西，往往像商業價值一樣，並非是由自己定義的，而是由他人的體驗來給出最終結果的。

在這個開放的時代，每個人都可以是自己的產品經理，要營運好個人品牌，就要抓住一個關鍵指標，這個指標，肯定是能讓我們價值最大化的東西，最能代表你能力和成績的東西。這樣的「強勢貨幣」，往往一個足矣，多了，反而給人一種模糊的感覺。

每年年底，文化行業都會舉行一些論壇、年會等活動，常常會邀請一些大咖進行演講，讓同業們趨之若鶩。這些活動對參加資格審查得很嚴，要求參加人員提前提交個人資料以便篩選。

有一年，參加某自媒體平臺舉行的活動，跟一個朋友約好一起去，活動前一天，他打電話告訴我，沒有收到參加邀請。我問他資料是怎麼提交的，他發過來後，我一看，天啊，我差點暈過去，他的個人資料上赫然寫著「某某生物製藥公司CEO、某某大學行銷學專業MBA」。

我問，你為什麼不寫你是某平臺簽約作者，分享健康養生知識，目前已有幾十萬粉絲？

他囁嚅著說，不覺得CEO這個名號比較大嗎？通過率或許會高一點。

藥企CEO這個名號的確不小，但卻跟內容製造業一毛錢關係都沒有，本來參加名額就很吃緊，一個外行也跑來湊熱鬧，這不是「打醬油[1]」嗎？

所以，宣傳自己也要弄清楚場景和受眾，即使你在一個領域內大名鼎鼎，在另

[1] 指與自己無關，相當於路過。

一個領域依然是隔行如隔山，別指望頂著一個光環就能照亮全世界，還是要想清楚自己到底想走哪條路才好。

．．．

一年前我參加了一次全球女性領導者峰會，看到暢銷書作家金韻蓉上臺演講，她打趣自己說，有時候去做電視節目的嘉賓，主持人讀她的名牌，一邊讀一邊看她，似乎越讀越沒有底氣，因為她的頭銜實在太多了，心理諮詢師、英語專業翻譯、臺灣美容專家、國際芳香療法專家、專欄作家……。

有一次，有個主持人開玩笑地對她說：金老師，如果不是因為我特別瞭解您，我會覺得您是個騙子！

我們可能會覺得，金韻蓉老師好厲害，一輩子幹了多少事啊，而且每件都那麼成功！

但是據金老師自己總結，如果按照每十年為一個節點，來縱向地看自己的人生，她覺得自己走了一些迂迴的彎路。雖說這些迂迴讓她積累了很多的經驗，收穫也非常大，但畢竟有些轉型，是為了一些不得已的原因，比如要為孩子賺取高額的留學費用，並不是發自內心的熱愛。所以，當兒子念完研究生，進到英國首相辦公室當新聞官，有一定經濟實力的時候，她向所有人宣布：「我所有的彎路到此為止，從現在開始要完全做自己喜歡的事情。」

於是，她回到了自己最熱愛也最擅長的心理諮詢領域，幫助了很多人，也寫出了很多情緒管理類暢銷書，以「暢銷書作家」的身分被大家熟知。自此，「作家」成為她最閃亮的一個標籤。

這幾年，有一個詞的熱度越來越高，叫作「重度垂直」。

在互聯網經濟的背景下，各個領域的劃分越來越細了。那些在細分領域的創新者和領先者，逐漸脫穎而出。

我們在人生的每個階段，都要為自己制定一個KPI，也就是關鍵績效指標。這個指標，是自己在本階段的主要目標，找到一個適合的KPI的前提是，對自己有清晰的認識，包括你的現狀和未來發展方向。抓住這個關鍵指標，工作就會圍繞著一個「中心點」去進行，不會一天到晚忙忙碌碌，渾渾噩噩卻沒有進步。

做全才甚至比做天才更難，而優秀和平庸之間，有時可能差的只是一個選擇。

我們很難做到通吃每個領域，如果能夠刪繁就簡，發揮自己的核心優勢，人生就可能因此變得不同。

．．．

我很喜歡的一個作家兼持續創業者王瀟，經常闡述一個觀點——每個人的人生都是一部電影，我們在每個人生階段，都得為自己編寫一個劇本，然後照這個劇本，去演繹我們的人生故事。

你在這個人生階段，最希望展示給別人的形象是什麼樣的，最在意的標籤是什麼？如果能夠想清楚這個，然後不斷向它靠近，這就是一個非常值得羨慕的人生。

如果心中感覺到不滿足，成就感很低，其實要追究的是，在這個人生階段，你找到了最想給自己貼的標籤了嗎？

藉著「給自己一個標籤」，我們可以進一步瞭解自己。問問自己，你到底是什麼樣的人？你到底想成為什麼樣的人？你擅長什麼？從擅長到成功的這段路，你想要怎麼走？

在編排自己下一階段的人生劇本的時候，我問了自己一個問題，未來的三年，你想成為一個什麼樣的人？

在筆記本上，我寫下了三條：

我想成為一個好的寫作者；
我想成為一個好的公司創始人；
我想成為一個好品味的生活家。

在這三個願景之間甄選，寫作是「重頭戲」。我會把大部分的時間精力和優勢資源，用在寫作上。公司的經營更加倚仗團隊的力量，生活品質的獲取則需要靠日常一點一滴的積累。

如果想再具體一點規劃，還可以勾勒出一個幾年後理想的自己，寫在紙上，儘量寫得細緻一些，包括取得了什麼成績，達到了什麼目標，梳什麼樣的髮型，穿什麼衣服，開什麼車，跟什麼樣的人在一起……。

如此，腦中自然而然就出現了一個非常清晰的路徑圖，知道自己最想得到什麼，也知道自己要在哪方面付出更多。在這條路徑圖上，我們留下的足跡，就是我們想要給大家呈現的形象。

好的電影沒有槽點②，因為劇本的脈絡絕對清晰，不會生出旁枝散葉的拖沓內容，好的人生也是如此。

② 讓人想吐槽的關鍵點。

目的越簡潔，成功越容易

十幾年前，有一個少年，還在上初中，有一天在學校小賣部門口看見一張海報。紫色的背景下，一個球員高高躍起，身體舒展，飛翔在半空，準備投籃。

那時候的他，不知道科比[③]，不瞭解被汗水浸泡的成功，也不瞭解他的「紫金王朝」，亦不知道他日後的人生會如戲劇般跌宕起伏。

但是，那一刻，夕陽的餘暉下，紫色的科比縱身一躍，那種飄逸之美，那種自由的力量，深深地打動了一顆年輕的心。

③ 科比．布萊恩（Kobe Bean Bryant），被公認為籃球之神麥可．喬丹（Michael Jeffrey Jordan）之後最偉大的得分後衛，是史上最偉大球員之一。

自此淪陷。

近二十年的「科粉」之路，他盡一切可能搜集科比的新聞，做厚厚的簡報，為了科比與別的球迷吵架……。

科比的輝煌、低谷、決策、傷病、重建……無不牽動著他的心緒。二十年來，從一個中學生到為人父，大洋彼岸的科比伴隨著他的成長之路，已經成為生活的一部分。

作為一個寫書的人，他想：我要為科比寫本書。於是，他把這個想法告訴身邊的朋友，反對聲一片。

有人說，寫晚了，科比已經退役，寫了也不好出版，不如寫別的吧。

還有人說，這一類的傳記只是給他人做嫁衣，你圖什麼呢？萬一不能出版，你搭上的這些時間，隨便幹點什麼都能掙錢啊！

對所有人來說，這都是最好的時代，也是最壞的時代。對於一個寫作者來說，也是如此。

這個時代充斥著大量的競爭，也充滿了大量的機會，寫什麼，怎麼寫，可能直接決定著作者與名利之間的距離。

但是，人一生，總要做點不為名利的事情。這一次，他只想真誠地寫作。寫《科比傳》[4]，不是僅憑一顆「科粉」的熱愛之心那麼簡單。傳記作者最忌諱的就是在寫作中夾雜自己的情感和主觀的情緒，必須以冷靜、縝密的態度，客觀地呈現一個真實的科比。

在整個寫作過程中，既要壓抑自己作為粉絲的崇拜之情，還要系統地整理資料，僅整理資料一項，就是一個龐大蕪雜的工作，困難一個接著一個。比如科比童年的資料幾乎無處可尋、一些傳聞逸事的真實性需要認真考證、重要比賽的資料資訊需要逐一整理……為此，他閱讀了數十本出版物，有時仔細讀完一本書，只為了尋找其中與科比相關的隻言片語，重新看了幾百段科比的比賽視頻、查閱了數千條賽事新聞、採訪。為了尋找靈感，甚至重讀了一遍《灌籃高手》。

最後，還有一個時間的問題。

他有全職的工作，在圖書公司做高管[5]。寫作的時間只能壓縮在晚上，甚至是

④《科比傳》，作者黃鴻涯，二〇一〇年，中國三峽出版社。

⑤指高級管理人員，在公司管理階層擔任重要職務。

上下班的地鐵上。艱難的寫作過程持續了一整年，其中有一半章節都是在地鐵裡用手機打出來的。

當他敲下最後一個句號的時候，一滴眼淚忍不住落在螢幕上。旁邊的姑娘嚇得馬上挪到對面的位置，像是看傻子一樣看著他。

此書一經出版立刻暢銷，引發無數「科粉」關注，有人在大洋彼岸的美國關注了作者的公眾號，天天追著更新，還有粉絲宣稱，此書秒殺之前的各種《科比傳》！

……

在這個充滿奮鬥氣息的時代，誰都不想成為沒有夢想的魚。你為自己的夢想努力過嗎？

你為自己的努力落過淚嗎？

為自己的夢想行動起來吧，有行動，夢想才更生動！只要為自己的夢想流過汗，落過淚，忍受過咬牙堅持的寂寞，無論成敗，你都擁有了自己的光輝歲月。

就像，科比的人生，沒有一刻放棄過奮鬥，他說，總有人要贏的，那為什麼不是我呢？

年紀很小的時候，我覺得有錢人的不開心都是矯情，所謂成功就是功成名就，名利雙收，有了一點閱歷之後，漸漸明白，衡量成功的標準，不僅僅只有金錢一條。成功者都賺到了錢，但是賺到錢的人，卻未必都成功。

在賺錢之外，我們要追求的，是更有質感的成功。

我們喜歡買漂亮的包包，住漂亮的房子，喜歡別人羨慕自己，喜歡自己看上去比身邊的人都優秀，並為之而努力奮鬥，這並沒有錯，但其實真正讓我們快樂的，是買包買房後的感受，是站在舞臺中央被人矚目的榮耀，那一刻心花怒放，荷爾蒙爆棚。可是生命是一場漫長的體驗，名利帶來的狂歡會把快樂的閾值⑥越拉越高，快樂的時間越來越短，甚至有時會覺得，為了這點快樂，付出的一切有點不值。

在追求名利雙收之前，最好先做一件事，問問自己為何要做現在做的事。想明白這一點，才能以更高的格局去踐行自己的夢想。世界上能賺錢的事很多，但是賺

⑥學術名詞，又叫臨界值。

到錢賺到名的人總是少數，所以以名利為標準做選擇，從一開始就錯了。

如果在做一件事之前，總是患得患失，擔心賺不到錢，又擔心損失了時間成本，又擔心自己做不好……那麼結果大多會不盡如人意。

做之前，想好了，做這件事，你想得到什麼。

目的越是簡潔，成功越是容易。

如果做這件事，就是你自己選擇的活法，那麼就盡力去做吧，全力以赴去做自己想做的事，肯定能有收穫，也肯定能賺到錢。沒錯，你最大的收益是成就感和幸福感，錢，只是一個附加的禮物。

做你自己，因為你再怎麼努力也無法變成別人

曾經在網上看到這樣一則新聞，在茱莉亞・羅伯茲獲得二〇一四年奧斯卡最佳女配角提名之後不久，她的妹妹南茜自殺了。南茜留下了長長的遺書，其中一半以上內容是指責茱莉亞・羅伯茲的。

這姐妹倆的芥蒂，很久以前就有端倪。南茜經常在推特上罵自己的明星姐姐，說她冷漠無情，長年累月地羞辱她，嘲笑她胖。「我上高中時，她已是成人，她不斷地說我過重，不希望我也走這條路（演員），讓我很受傷害。」南茜曾經搬到洛杉磯尋找演出機會，因發展不順，自暴自棄變得更胖。

據傳南茜選擇在茱莉亞參加八十六屆奧斯卡提名者午宴的日子自殺，就是為了給茱莉亞抹黑，以降低她獲得奧斯卡的可能性。如果這說法屬實，那可真是為了

「黑」人連命都不惜。

這則新聞爆出後，茱莉亞．羅伯茲果然未現身奧斯卡的提名者午宴。南茜自殺真的是因為明星姐姐的壓力嗎？翻檢一下茱莉亞．羅伯茲的整個家庭，不難發現，這個可憐的姑娘所感受到的壓力，恐怕不僅僅來自茱莉亞．羅伯茲。茱莉亞．羅伯茲的父母、哥哥、姐姐都是演員，侄女艾瑪．羅伯茲是風頭正健的新生代明星，並被視為未來天后，艾瑪同母異父的妹妹葛莉絲．尼克爾斯，在不到五歲時就出了專輯……這真是一個星光閃耀的大牌之家。可以想像，生在這樣一個家庭中，體重曾達到一百三十五公斤的胖女孩南茜的感受如何。

即便是這樣，以結束生命來表達自己恨意的方式，還是太令人震驚了。人與人生來就有差別，我就親眼看到過一對雙胞胎，在同一個子宮裡孕育，在同一個家庭長大，吃同樣的食物，長到二十歲，身高卻足足相差五公分，這有什麼辦法呢？

不肯承認自己與別人的差距，不肯正確地面對這種差距，只會讓挫敗感日積月累，最終成為巨大的心靈黑洞。

有人說南茜終於以自己的死亡成了一直夢想的「女主角」，可惜她再也無法感受女主角的榮耀了。

可是，南茜，你一直追在明星家人的身後，拚命地想成為他們那樣的人，那你自己，在哪裡呢？

⋯⋯

心理學家武志紅說：在接觸心理學二十五年的時間裡，我發現了一件很重要的事——一個人的生命，終究是為了活出自己。

這麼簡單的道理，需要一個聽了上萬人的故事，諮詢時間超過六千小時，寫了近三百萬字著作的學者用二十五年的時間來發現？

是的！我們大多數人，覺得自己從一開始就明白這個道理，但我們真的明白了嗎？並沒有！

如果你想要讓自己活得不痛快，那你只需要做一件事就夠了：與別人比較，活成別人。

也許有些事情可以爭取，但總有些事情是改變不了的，比如就算是動刀你也擁有不了林志玲那樣的長腿。「我也想變成那樣，但是無論如何也做不到」，就是個很令人抓狂的事實，如果無法將這種心理調適正常，就會引發嫉妒、甚至記恨等負面情緒。

每個人一輩子，都有不同的經歷、境遇，但都殊途同歸，其實就是找到自己，在這廣闊的世界裡，找到屬於自己的位置。

明明自己就是南茜，為什麼非要做茱莉亞呢？假設一下，如果放下做明星的執念，南茜或許能成為一個很好的服裝設計師，或許能成為一個很好的大學教授……。

如果你發現自己是一個蘋果，就全力讓自己及變得更甜，如果你是一個檸檬，就拚命去變酸。如果你是一個蘋果卻偏要去做一個檸檬，好吧，痛苦就上門了。

．．．

有些幸運的孩子，在很小的時候就被告知「做你自己」，比如股神巴菲特，他父親不止一次地告訴他：尊重你的感覺，你的感覺越是別具一格，別人越喜歡對你說三道四，而這時候你就需要相信自己的感覺。

父親的教誨讓巴菲特擁有了一個非常高的人生起點，他自己說，正因為如此，我才能不輕易被別人的言辭所左右，也不去羨慕別人的成功方式，做到「別人貪婪的時候我恐懼，別人恐懼的時候我貪婪」，創造了一個又一個投資傳奇。

年紀很小的時候，我覺得有錢人的不快樂都是矯情，那時候認為，幸福的標準，甚至成敗的標準，就是功成名就。有了一點閱歷之後，我才領悟到：幸福與否，是看一個人能否按照自己的意願去定義自己的生活。

按照自己的意願定義生活，有兩大必要條件，一是一個人能不能明心見性，認清楚自己；二是在認清楚之後，能不能把控自己的人生。如果不能，痛苦就又來了。即便是可以號令天下的皇帝，也不一定就快樂，因為他可能偏偏不稀罕這份權力，非要喜歡當個木匠呢？

比如明朝的最後一個皇帝朱由檢，生來就有做木匠的天賦，雕刻的刀法更是精巧絕倫，如果不生在皇家，很有可能成為具有工匠精神的一代大師，可惜的是，他最終成了亡國之君。對他來說，做皇帝是別人擅長的事，做木匠反而能成為最好的自己。

好在我們這個時代，沒有誰家有皇位需要繼承了，完全可以把做自己的權力牢牢地抓在自己手裡。

最後，如同南茜的問題一樣，好好地做自己，最難闖的一關是自己！

我曾經看過一本書，名為《自私書》⑦，作者寫道：人不妨活得自私一點，問問自己「我是誰、要什麼、怎麼做」。這些問題其實沒那麼哲學，它們只是提醒你換一個方式去關注自己，不要以別人的人生為風向標，不要糾結於外來的價值觀，而是更直接、理性地自我觀照，做出總結。等你變得更善於總結的時候，會發現自己也變得更加清晰堅定。

幸福的人生只有三步：定義自己，塑造自己，成為自己。你有自己的生活方式，你有自己的工作方式，你有自己的處事方式，這一切都是你自己喜歡的，別人的方式再好，不一定適合你。欣賞這個世上獨一無二的自己，幸福就會如期而至地來敲門。

⑦《自私書：寫給女人的幸福教唆書》，作者蔣碩，二〇一四年，中國財政經濟出版社。

扔幾件東西就是斷捨離？你想得太簡單了

有一次，跟一個阿姨聊天，她說她年輕的時候，商店裡保溫壺限購，要出示結婚證才能買到。我當場哈哈大笑，覺得甚是荒唐，難道「單身狗」連喝熱水的資格都沒有了嗎？

我們的煩惱跟上一代人截然相反，不是苦於物資匱乏，而是東西太多買不完！最近兩年，我姑姑總是被嚴重的高血壓困擾。每次去看她，我都特別想說一句話，把你家滿屋子的舊東西扔一扔，病說不定就會好點呢！在囤積物品方面，我姑姑簡直到了登峰造極的地步。她家很多家用電器都是雙份的，電視機有兩台，冰箱有兩台，洗衣機也像孿生兄弟一樣，並排擺著兩台。至於衣服、日用品更是堆積如山，每逢商場打折，都會大包小包地往家裡買，等真正想穿哪一件的時候，往往在儲物間裡根本找不著了。廚房的地板上，滿滿堆著過期的麵粉，長芽的馬鈴薯，櫥櫃裡擺著一落一落的外賣盒子。

這些平時很少能用得上的東西，把本來就不大的兩居室塞得滿滿當當，以至於陽臺的門都打不開了，只能側著身子擠進擠出。為了儲物，又買了許多的儲物櫃，牆上也打滿了吊櫃，任何人一進入房間，立刻就會覺得胸悶氣短、頭暈腦脹。

高血壓與情緒有很大關係，久居在一個像倉庫的房間裡，呼吸都不通透，誰不心煩氣躁？清理一下舊物，把居住環境打理得清爽些，我相信對健康會大有好處。

在很多老人居住的老房子裡，都或多或少會有這樣的問題，經年累月積攢起來的各種舊物，擠占著房間的空間，人反而成了配角。

我一個同事的爺爺家更是誇張，專門騰出一個房間放舊東西，同事都快三十歲了，爺爺還留著他小時候騎過的自行車。他家位於北京二環最好的地段，房價一平米⑧近十萬（約四十三萬台幣），我算了算，這堆破爛占了價值二百多萬（約八百六十萬台幣）的空間。

老年人或許缺乏安全感，滿谷滿倉的感覺令他們覺得安心，可是很多年輕人家裡為什麼也盆滿缽滿呢？

老人不捨往外扔，我們卻不停地往回買。

曾經有很長一段時間，我的減壓方式是，每天晚上洗漱完畢，耳朵裡塞上耳機，躺在被窩裡用手機刷購物網站。睡前的美妙時光，帶來的副作用是，控制不住地剁手，買了很多用不著的東西。

生活裡的很多問題，好像都能靠買個東西來解決，覺得自己不夠光鮮就買個奢侈品，覺得自己不好看就買化妝品，覺得生活缺乏樂趣就買遊戲裝備。

靠「買買買」減壓其實相當不靠譜，買了一個新的東西，感嘆了一下「生活真美好」，短暫的快感之後，一切還是原樣，除了銀行卡裡的錢少了點，多了個炫酷的新東西占地方外，生活一點兒也沒有變好。

・・・

有人說，臉蛋越漂亮的姑娘，家裡越亂。

⑧ 一平米等於零點三零二五坪。

有多少人，過著人前光鮮亮麗，人後亂七八糟的生活？

我們在占有物品的時候，物品同時也在占有我們，占有我們寶貴的時間和空間。在我們這個時代，收納不再是體力勞動，變成了腦力勞動，以至出現了一種新的職業——收納專家。

很多人覺得生活混亂不堪，家裡被大量的雜物占據，往往是因為還沒有想明白什麼樣的東西最匹配自己的生活方式和個人狀態。

不知你意識到沒有，我們和物品的關係，往往是我們心智模式的外在投射。我們買什麼，用什麼，扔什麼，其實都取決如何對待自己的心智模式。

我有一個女性朋友，把主臥室的洗手間改造成了衣帽間，來收納海量的衣服和鞋。看她朋友圈曬出的自拍，一會兒波西米亞女郎風格，一會兒又走歐美時尚路線，過幾天又變身一身正裝的白領麗人。

我一直不理解她為什麼要不斷買下那麼多的風格各異的衣服，活活將自己變成了讓人眼花繚亂的衣架子。

有一次她跟我聊天，說參加同學聚會，看見一個女同學穿著白襯衫牛仔褲，一頭黑髮紮成馬尾辮，全身上下沒有多餘的配飾，只在耳上戴了一對閃光的鑽石耳環，看上去好青春好健康，她馬上就把自己栗色的頭髮染回黑色，又一口氣買了三件白襯衫和兩對鑽石耳環。

過幾天又說，參加孩子家長會的時候，看見辣媽們都好有氣場，個個都是職場精英的樣子，令她豔羨不已，於是她的衣櫃裡又添了幾件名牌的職業女裝。

我終於明白了，因為嫁了一個能幹的老公，她早已實現了財務自由，根據馬斯洛需求層次理論，最基本的生理需求和情感需求滿足了之後，她心中自我實現的需求便迫不及待地露出了鋒芒。她希望自己能更優秀，更完美，但苦於沒有豐盈的內心做依託，只一味在外在形象上下力氣，在盲目的模仿中，添補內心缺乏成就感的大洞，最終卻只收穫了滿滿幾櫃子的衣服。

比買衣服更重要的事，是她要先弄明白到底想成為什麼樣的自己，從而給自己的穿衣風格做一個明確的定位。

．．．

家裡太亂，生活太亂，病根可能有很多很多，但是表現出來的症狀只有一個，那就是東西太多。

於是大家又開始大呼小叫著「斷捨離」。一個叫作《我的家裡空無一物》⑨的日劇空前流行，朋友圈裡很多人高呼著要過「極簡生活」，公布著各種各樣的「極簡清單」，要把家裡的所有物品控制在一百件之內，還有人甚至發起了「每天扔一件舊物」的打卡活動，恨不得扔得家徒四壁。

「斷捨離」的本質，不是教人收納的，更不是讓人走到「扔扔扔」的極端。「斷捨離」是透過收納物品來瞭解自己，整理自己內心的混沌，讓人生更舒適的行為技術。透過向外整理，引發內在改變，讓人進入一種利用物品又不會執迷的境界，過上「不役於物」的生活。

確實，我們的生活，完全可以有一種全新的可能，叫作極簡生活。但是極簡生活不是極窮生活，斷捨離也不是要求人們「窮而少」，而是「少而好」。

一輩子都在給自己做減法的賈伯斯，「Less is More（少即是多）」不僅是他的設計理念，也是他的生活理念。賈伯斯生前的經典形象，就是三宅一生設計的黑色高領衫加牛仔褲。一九八二年，攝影師在賈伯斯家中拍下了一張照片。整個房間中，只有燈、音響、黑膠。然而，每一個物件都是精心之選，點一盞燈，席地而坐，也許他改變世界的靈感，就是在這種簡潔的環境下得到的。後來，據說他的客廳裡只剩下一只沙發了，而為了選這只沙發，賈伯斯夫婦用了八年。

每個物品類別只購買一件，但是，要在自己承受的範圍內盡可能買優質的。貴，你才會好好使用；好，才能以一當十。這樣就能夠有效替代廉價物品的囤積。

所謂斷捨離，真不是扔幾件東西那麼簡單，扔東西只是表象和手段，目的是培養極簡主義的思維和行為習慣，需要脫離對物品的迷戀——不執迷於物欲，自願簡化所需，專注於最本質的東西。

斷捨離的主角不是物品，而是你自己。一個人所使用的物品，最能夠反映出自我形象。透過篩選物品的訓練，當下的自我形象就會越來越清晰地呈現出來。

在這個物質過剩的時代，懂得取捨與擇優，把生活過得簡單精緻，與自己喜歡的一切在一起，這才是斷捨離的精髓。

---

⑨ 臺灣譯作《少物好生活》。

放下糾結，生活有時就需要簡單俐落

自從國家公布全面開放二孩政策⑩，在很長一段時間裡，生還是不生二胎，成了這個社會的主流糾結。到處都能聽到關於這件事的討論，好像一下子人人都患了選擇困難症——是繼續打拚職場還是回家生孩子？好糾結！

以前看過一個電影《升生兩難》，女主角被婆婆催著生孩子，恰巧老闆交待了一個很重要的項目，許諾做完這個項目就給她升職。生子還是升職？她面臨兩難的選擇。兩個選項都不想放棄，冥思苦想之後她想出了一個兩全之策，因為新專案需要十個月的準備時間，如果能在一個月內懷孕，懷胎十月剛好做準備，然後她就可以休產假了，休完產假回來繼續開展新專案。

計畫得雖然挺好，但是在一個月內懷孕真是個相當有難度的任務，時間緊、任務急，她和老公百般折騰，排卵試紙買了一大堆，天天含著體溫計測溫度，各種補藥補湯不停，結果天不遂人願，在關鍵時刻，老公因為壓力太大身體出了問題。雞飛狗跳了一場之後，她不但沒有懷孕，還被競爭對手趁機奪走了升職的機會。

暢銷書作家吳淡如在《時間管理幸福學》一書中寫道：人生需要懂得取捨，夢想要逐步完成，才不會在達成人生目標的同時也將自己逼瘋了。

人為什麼會糾結，就是因為不懂得取捨。在必須要選擇的時候想要兩全，讓自己陷入焦慮之中，怎麼選擇都是痛苦。甚至有些人，明知不可能還勉強為之，弄得自己身心運轉超負荷，最終什麼都沒達成，兩手空空還累得半死。

喜歡糾結的人，大事小情都糾結，不一定只在人生大事上煩惱，可能連買什麼牌子的牙膏也會糾結半天。有些人即便做出了選擇，過一段時間後，也會覺得自己當時的決定是錯的，現在的選擇沒有原來放棄的那個好，開始後悔。所以，在以後面臨選擇的時候，就更加糾結，更加謹慎小心，處處考慮，導致終日生活在緊張的心理狀態中。緊張是一個人在面對某些情況時的生物本能，適度的緊張，對身心有

⑩ 二〇一五年，中國大陸全面實施兩孩政策，又稱二胎政策。是指一對夫婦最多生育兩個孩子。

一定的益處，但是當這種緊張感過度的時候，就會給人造成難以排解的壓力。

這絕對不是危言聳聽，如果生活中的緊張指數太高，就會引發極強的身心反應，你很有可能會出現以下症狀中的一種或多種：

失眠或很早醒來，然後清醒地躺到天亮；

排山倒海般的頭痛；

腰酸背痛，可能已經轉變成慢性的疼痛疾病；

沒有食欲，也可能正好相反，經常暴飲暴食；

情緒波動大，經常感到恐懼或沮喪；

與家人的衝突次數明顯增加；

……

可見，為了身心健康和生活品質，我們必須終止糾結，讓生活變得輕鬆一些，即便你把難題放下一會兒，地球也不會停轉。依我看，讓生活崩潰的不是錯誤的選擇，而是因糾結帶來的的身心緊張。

・・・

我一直追求的狀態是穩定的內心和有序的生活。作家黎戈在《晨之美》中寫到：「我喜歡過著整飭、有序的生活，每天規律地起居，做事，認一個甲骨文，識別一種植物，讀一本新書，做筆記。晚上上床時會感覺自己越來越厚實，好像長出了一片新葉。同樣，對友情，愛情，也喜歡這種穩定累積的意義感。就是隨著時間的逝去，你知道有什麼變重了，長成了。」

你會發現，這樣的人，在面對選擇時，就顯得不那麼糾結，因為有顆清醒的頭腦和明白的心，知道自己要努力的方向，所以能使選擇變得相對簡單。又因為生活有序，積累豐厚，不容易陷入倉皇和局促的境地。

所以說，總是糾結的人，並不是因為生活中遇到的問題比別人更多，而是因為具有一種「糾結心態」，即使做出了一個決定，也會很快陷入新的糾結之中去。只有改變這種心態，才能從選擇困難的折磨中解脫出來。

當我們站在人生的十字路口，為向左走還是向右走而猶猶豫豫，左右為難之際，就要順勢而為。

產生糾結心態有兩個主要原因，一是我們想要的太多，二是我們想得太多。

當你實在拿不定主意的時候，無論如何殫精竭慮，都不會有一個看起來絕對正確的答案，此時不如順勢而為。

什麼叫作順勢而為呢？當水流流向一個方向的時候，停下來看看它的勢能有多強。如果你順著它的流向，不迎面反抗，也不用力掙扎，就那樣順著它往下，到達水流末端的時候，你就會發現自己已經積累了很多的能量，此時，水流再改變方向的時候就能厚積薄發，乘勢而上。

人最難的不是做選擇，而是如何對待自己的選擇，當你真正做完一個決定的時候，就好好地去面對它，以一顆平靜堅定的心，告訴自己這是自己的選擇，而不是別人拿刀架著脖子逼自己做的選擇，所有的決定，都出於自己的自由意志。所以，有沒有人要為我的選擇負責任？沒有！你做了就要對所有的一切負責。

學會順勢而為，其實生活可以很簡單。

．．．

最後，要想一切都整飭有序，讓心理和生活都有條有理，我們必須學會不時「放下」一小會兒，讓自己的身體和情緒都休息一下。張馳有度，才是每天都保持好狀態的方法。

把手頭的事情按照輕重緩急分一下類，排一下序，優先辨重要的事情。只要秩序理清了，按部就班地執行，就不會出現瑣事大爆發的恐怖場面，也就不會因為忙亂而抓狂了。

對於大多數人來說，要在忙碌的生活中，擠出一個週末，或者一整天進行放鬆可能很難。再說了，你可能也不太願意在大段的休息後，還要面對更長時間的忙碌，因此，我們可以在每一天的生活中，不斷地擠出小塊兒的時間來讓自己放鬆。

不管在外面多麼忙多麼強悍，是超人還是鋼鐵俠，回家後都要徹底地放鬆休息。如果你下班後還有很多事情要做，比如充電、寫作或者兼職，一天也至少要拿出二十分鐘的時間來放鬆。躺在床上，慢慢閉上眼睛，調整好呼吸，放空自己，什麼都不去想，體會內心的寧靜。二十分鐘後，你會感覺自己重新獲得了能量。你可能覺得這有點兒浪費時間，但是如果二十分鐘的放鬆能夠換來幾個小時高效率的工作，是不是很划算呢？

過度的糾結，實際上是一種自我虐待，是對自己無盡的消耗與剝削。不要說人在江湖身不由己，沒有人逼著你必須住大房子，必須開豪車，沒有人逼著你事事都要爭第一。讓自己過上整飭有序的生活，睡個好覺，每天做二十分鐘的放鬆練習，把上得緊緊的發條暫時鬆一鬆，地球不會因此而停轉，生活也不會變壞。

輕鬆點，糾結自然去無蹤，生活才能更出眾。

做正版的自己，是你天經地義的權利

網上有一句話我很喜歡，也引用過很多次，是這麼說的：「每個人出生時都是原創，悲哀的是，很多人漸漸成了盜版。」這句話之所以被瘋狂轉載，是因為它擊中了很多人內心深處的痛點。

身邊有太多這樣的例子。

我有一個表哥，總對我說他最理想的職業是當一個影評人，實際上他是一個報關員。他不喜歡現在的生活，不喜歡沒完沒了的飯局和應酬，不喜歡三天兩頭地跑海關，不喜歡伺候客戶，不喜歡寫報告，不喜歡開會，後來發展到每次開會發言都手心冒汗，全身酸疼，晚上睡覺不能關燈，否則就做噩夢，典型的焦慮症症狀。

在他一次又一次地對我抱怨之後，我問過他，既然這份工作讓你這麼痛苦，你就沒有想過辭職嗎？

然後他說起父母的期待，養家的壓力，別人的眼光，以及他為這份工作付出的十年時間，這一切加起來，是一個不停擴大的障礙，堵住了他所有走向理想生活的去路。

我又問，那你沒有想過在業餘時間寫寫影評，發在論壇上，也可以自己申請公眾號，只要寫得夠用心夠好，也許一不小心還成了大V[11]呢？

他沉默了一會兒，又說，瑣事纏身的生活占用了他太多的時間，也早已將情懷和意氣消磨殆盡，怕自己寫不出好文字，無端地授人笑柄。

那麼我也沒什麼可說的了。很多人活得夠努力和夠認真，但是他們就是不開心。做自己生活的主人，不僅需要努力，需要勤奮的，更加需要勇氣，需要自信。

．．．

每個人在成長過程中，都會受到來自家庭、學校、社會的一些標準的制約，都要接受他人的目光和評價。但是這些標準和評價，有時與我們內心真正的希望相悖，迫於壓力，很多人漸漸地成了盜版的自己，但是也開始遠離幸福，內心深處無比彆扭，時時較勁，生活似乎成了一場心有不甘卻又格外賣力的表演。

在電視劇裡看到過這樣的一幕：孩子不好好吃飯，說不喜歡吃青菜。媽媽就說不吃就不吃吧，算了。爸爸憤怒了，說，不喜歡吃就不吃嗎？你這樣怎麼走向社會？只做自己喜歡做的事能適應社會嗎？能掙錢嗎？你看我，一輩子都沒做過自己喜歡做的事。

忠於自己，是一個人的樂活之本。別人希望你做什麼，別人說你什麼，都是上下嘴皮一碰那麼容易的事情，但做起來，其中的辛勞，需要你自己一點一滴實實在在地付出；其中的責任，需要你自己實實在在地承擔，甚至需要你付出畢生的時間和精力，這樣一想，其中的得失是不是值得好好掂量掂量？話都讓你說了，苦都讓我吃了，這叫什麼道理？所以，我們做什麼不做什麼，別人有什麼資格來指導？

忘記了在哪兒看到過這樣一句話：「人生苦難重重，我只想去吃我自己選擇的苦。」說這話的是一個十六歲的少年。他絕對是一個智者。就算人生苦短，一定要

⑪ 指在微博上十分活躍、擁有大群粉絲的重要人物。

吃很多苦的話，這個苦也最好是你自己選的。

大紅大火的辯論節目《奇葩說》，曾經辯論過一個辯題——我們最後變成自己討厭的那種人，到底是不是一件壞事？

辯手邱晨的發言，我覺得說到了重點。「唯一的問題出在哪兒？它不是我自己選的。所以，到最後，我終於過上了上進的、健康的生活之後，我終於成了我父母想要的『別人家的孩子』，可能我的父母看著我會說，你這樣挺好的，可能我的朋友無奈地嘆氣說，你這樣也挺好，可是我自己會對自己說，這樣真的不好。」

西蒙．波娃曾說：「在十九歲的時候，我就已經堅信，只有自己才能賦予個人生命存在的意義和價值。」她認為，人沒有什麼宿命，一個人要成為什麼，取決於自己的選擇，自己的行動，自己的「介入」。

．．．

「抖音」APP上流行著一首歌《REFRESH》，我覺得就像是年輕人對自由生活的宣言：

大家好，三姑六婆大家好
我在外面很開心過的和你兒子一樣好
打我喜歡的遊戲，收集喜歡的玩具
放我喜歡的CD，想放多大聲都可以
每天都穿新球鞋，過完年後去紐約
喝雪碧，feel so lit，但是還是不抽煙
我過我的生活也愛我的生活，努力創造童年想像中的生活
我拒絕和你們過一樣的生活，有才華有樣這些都是我的 bankroll

據說大齡未婚青年最怕的事情就是回家過年，甚至有人把春節戲稱為「春劫」，因此還發展出一個產業來，「租女友」、「租男友」。為了堵住悠悠之口，就連這種荒唐的權宜之計都能想出來，把年輕人都逼成什麼樣了？

不只是單身狗害怕「春劫」，就算是已婚人士，也難免要遭遇三姑六婆的「奪命連環問」：「一個月掙多少錢？」、「還考研究所嗎？」、「買房了嗎？」、「什麼時候要生孩子？」……。

於是，每臨近春節，網上就會流傳各種攻略，教人怎樣應對親戚的詢問，什麼「先發制人法」、「笑裡藏刀法」等花樣百出。

還有人把親戚們的關心總結成一副對聯：

上聯：考了幾分什麼工作能掙多少呢

下聯：有對象沒買房了吧準備結婚嗎

橫批：呵呵呵呵

回答同樣也是一副對聯：

上聯：這個嘛呵呵呵呵

下聯：那什麼哈哈哈哈

橫批：阿姨吃菜

在《烏合之眾》裡古斯塔夫·勒龐有段話說得特別有理：人一旦到了群體之

中，智力就會自動下降，為了獲得所謂的認同，願意拋棄是非觀念，用智商去換那份讓人感到安全的歸屬感。

看看，為了得到認同感，交上的卻是智商稅。

如果我們能在三姑六婆的「圍攻」下，都抱著像歌詞裡那種堅持自我的心態，想來每個人都能快樂地做正版的自己。

CHAPTER
2

／心智／

生活有生活的套路，你有你的打法

「知道『為什麼』而活的人，
　就能忍受任何一種生活。」
～德國哲學家　尼采

有了驕傲的本錢
就不必再去適應所有規則

我曾經問過一個跳過三次槽，一次比一次跳得高，混得風生水起的女性朋友：你的職場必勝秘訣是什麼呀？

她說，任他幾路來，我只一路去。

請她詳細解釋一下，她說，她從來不搞辦公室政治，而是集中優勢兵力，攻克工作中的難題，日積月累，漸漸地就成了辦公室裡那根不能替代的蘿蔔。

我想了一下她平時給人的感覺，看起來完全是純良無害的萌萌噠，原來有大招藏著，「一招鮮，吃遍天」啊。

「所以，」她說，「有人覺得拚命工作很苦，總想找點捷徑，但是每個人對苦的理解不一樣，在我看來，沒完沒了地看別人臉色才是真苦，好在我靠努力還能保持一點真性情。」

作家亦舒說：「故意收起真性情去迎合某人某事，肯定是極痛苦的營生，所得到的永遠無法彌補所失去的。」

在生活中，總是對別人一味迎合的人，必然抱著某種明確的目的。看起來似乎是八面玲瓏，很懂交際技巧，實際上已經犯了交際中的大忌！人與人之間的交往，有時候就像投資一樣，別人覺得你有價值，才願意與你交往，別人欣賞你，才願意把你收藏到朋友圈裡。如果你是個有價值有魅力的人，好的友情和關係就會紛迭而至，不需要你一味地去苦苦追隨別人。如果不把功夫用來提升個人魅力，提升個人價值，而都用在討好別人上，再怎麼累都像是一場小丑表演，得不償失。

在狗血電視劇中，這樣的例子很多，有的人處處以別人的喜好為方向，完全迷失了自己，跪在塵埃裡，節操碎了一地，機關算盡卻一無所得；有的人不爭不搶，順其自然，反而總有好事往上貼。是正義終將戰勝邪惡嗎？當然不是！不爭搶不等於不努力，所謂功夫在別處，功夫下到了，結果自然就圓滿了。

．．．

我們想要的東西，求是求不來的，只能用自己的引力吸過來。保持自己性格中最美好、最獨特、最真實的那部分特質，只有美好的真性情，才經得起時間的考驗。我們不需要在乎別人看我們的目光，但必須在乎看待自己的方式。你的心若凋零，他人自輕視；你的心若綻放，他人自讚嘆。

作為普通人，我們每一個人都有自己的不足和局限，但也都擁有讓別人羨慕不已的東西。然而，比起自身的優勢，我們的缺點會備受關注，這常常會讓我們感到失望。

心理學家認為，我們應關注一些能幫助我們塑造自我的重要品質。當面對自身缺點時，我們可以透過自我肯定來保護我們的自尊。自我肯定已被證實擁有巨大的影響，能減少自我受挫折時產生的焦慮、壓力和防禦反應。

有句話叫「沒有金剛鑽，不攬瓷器活」，很多人缺的不是能力，而是自我肯定的態度。他們因為不自信而畏懼，所以永遠不會擁有自己的「金剛鑽」，自然也攬不來瓷器活。

我在作家王朔的部落格裡，看過這樣一段話：

「經常有人語重心長地對我說：『你沒有金剛鑽，就別攬瓷器了。』通常我都是微微一笑，心想：你怎麼就知道我有沒有金剛鑽呢？『金剛鑽』只是個比喻，比喻能力，但能力不像運動員的比賽成績那麼清晰明確，很難量化，很多時候都是說你行你就行，說你不行，行也不行。所以到底行不行還是要自己做到心裡有底，如果自己也沒底，那就先去做，做了之後你才能真正知道自己究竟有沒有這個『金剛鑽』。即使最後沒做成，最起碼你也達到了『沒吃過豬肉但也見過豬走路』……如果你沒有相應的位置，也打從心裡覺得自己沒有『金剛鑽』，那你也別忘了『瓷器活』。因為還有一句老話『不怕賊偷，就怕賊惦記著』，你就時刻惦記著『瓷器活』，看看自己幹『瓷器活』還差些什麼，然後努力去提高自己的能力，只要你堅持努力，總有一天你會發現自己的『鐵鑽』成了『金剛鑽』。」

．．．

你要不斷地為自己積累「金剛鑽」，這就是驕傲的資本。說到底，有資格驕傲的人都是有選擇的人。千萬不要把自己逼到「人生只有一個選項」的境地中，當你別無選擇的時候，還驕什麼傲，除了夾著尾巴做人還有別的法子嗎？

資本分成硬性和軟性的，比如你想驕傲地炒了老闆，硬性的資本是你至少得擁有夠一年花銷的儲蓄，支援你裸辭後能生存；軟性的資本是指你在所處的行業裡有一定的人脈，平時能給你介紹點小私活，有人給你來個內部推薦什麼的。

積累以上的東西並不難，大概兩到三年的時間就很充裕了，無非是主動積極多參與一些大項目，平時多和業內的朋友聯絡、建立起自己的好口碑。不要偷懶，不要天天追劇、少打遊戲，規劃性地儲蓄，和月光族說再見。

如果你想瀟灑地跟一段感情說「拜拜」，硬性的資本就是你至少能養活自己，離開這個人後生活不至於一下子陷入困窘；軟性的資本是你能夠做到情感獨立，有自己的圈子和空間，有支撐自己內心世界的東西。

當你有了這些資本之後，就不必再去適應所有的規則，開始有底氣對不合理和不喜歡的事情說「不跟你玩了」，創造屬於自己的遊戲規則。

你一路殺過來，慢慢有了起色，這就是值得驕傲的事情。每個人都知道：今天的你比昨天的你更優秀，未來的你又強過今天的你。這樣的人，世界都會支援你！

別在該動腦子的時候動感情

從前，有一個姑娘，生得很美，但職業不是很好，是南京釣魚巷的煙塵女子。有一天，姑娘與一個前來尋歡的衙內①一見鍾情，私定終身。臨別之際，姑娘送給情郎一張自己的畫像，叮囑對方早日歸來迎娶。這位衙內的父親是朝中權貴，家教甚嚴。他回家向父親磕頭請安的時候，不慎把畫像掉了出來。

怕老爹責罰，情急之下，撒謊說這是自己給父親物色的美女。他父親一看照片，果然美貌，立刻派人去接。

一頂小轎便把姑娘從偏門抬進府宅，匆匆就入了洞房。

① 泛指官僚的子弟。

到揭蓋頭的時刻，姑娘才發現英俊年少的情郎，成了身材矮胖的糟老頭子。

豪門一入深似海，從此情郎是兒子。

姑娘不得不認命，一口氣給老頭生了五個孩子。

豪門畢竟是豪門，後來老頭死了，雖然有多房妻妾，姑娘還是分到了巨額財產：銀圓二十六點四萬元、黃金二十條、房屋一百間。

銀圓二十六點四萬元是什麼概念呢？

按當時市價，二十六萬銀元可以買三十棟上海的小洋樓。此外，還有金條和一百間房屋，如果不出什麼意外，這些錢一輩子都花不完。

姑娘自己也是這麼認為的，於是拚命揮霍，還到處投資。

投資出去的錢收益如何，一概不管，於是，到解放初期，姑娘一家人竟窮得連飯都吃不上，靠在北京街頭賣冰糖葫蘆艱難維生。

窮則思變。

一九五五年，北京向外地移民無業人口。政府宣傳說，移民能分配住房，過好日子。

姑娘頭腦一熱就報了名。胸佩大紅花，移民到了大西北。

政府也沒有食言，給她分了兩間房，每月供應生活用品，姑娘終於可以吃上飽飯了。

好景不長，兩年後姑娘因為出身不好，供應全被取消了，生活越來越貧困。

一九五八年，全國實行人民公社「大鍋飯②」制度，姑娘已經六十六歲了，體弱多病，天天扶著牆，邁著「三寸金蓮」，搖搖晃晃地去食堂吃飯。作為鄉間的傳奇人物，還得忍受眾人的圍觀。

一天，隊長發現她連續三天沒到食堂吃飯了，到她家中查看，目光所及一片破敗，玻璃窗全碎了，姑娘睡在塌了一半的土炕上，身下鋪著稻草，身上蓋著破棉被，大小便都在塌陷的炕裡，慘不忍睹。

曾經坐擁千金，此時竟淪落至此。錦衣玉食的豪門生活，恍如隔世。

一九五八年的最後一個夜晚，姑娘在貧病交加之中，走完了她六十六年的人生之旅。

姑娘死後一個月，一封信從中國銀行北京分行寄到當地，大意是，姑娘在民國

② 用大鍋燒的供很多人吃的飯菜。比喻分配上的極端平均主義。

期間存了六千元銀圓。那會兒上海普通人家每人每月的生活費是也就十元左右，六千元銀圓著實可是一筆鉅款！

又過了半年，另外一紙公函飄然而至：經查，原在南京某半條街的房屋，是姑娘的私產，後被日軍侵略，如今落實私產政策，通知姑娘本人去接收。

除去揮霍掉的財產不說，也不說這半條街的房產，僅銀行中的六千元銀圓的存款，也足以改變姑娘的境況了，她為什麼一直不去取呢？

原因是，忘了！

她把這筆存款給忘了！

這位姑娘，就是袁世凱的六姨太葉蓁。

坐擁千金卻半生苦寒，一輩子一連串的烏龍事件，她生生地把自己的生活弄得一地雞毛。

人最可怕的不是沒錢，而是沒腦子。

葉蓁這一生，拿到手裡的牌其實不算太壞，卻被她生生打成了敗局。她對生活沒有任何自己的思考和規劃，完全隨波逐流，最終淪為人生風雨中的一葉扁舟，朝不保夕，命運無法掌握在自己的手中。

．．．

前段時間，請朋友介紹一個有銷售經驗的人給我認識。

對方介紹了一位叫莉姐的中年女子，一起吃飯，我說，聽說您做過多年銷售，也做過團購，線上線下的經驗都很豐富，想請教一下……。

話還沒說完，她就打斷我，語速飛快地說，現在誰還做團購啊，我在做電商。

哦，是什麼平臺？我又問。

然後，可怕的事情發生了，一頓飯她都在滔滔不絕地給我們灌輸著她的投資理念，宣傳這個所謂的平臺獲利頗豐，而且還是不勞而獲。

其實，沒聽她說幾句我就判斷出，她口中的這個投資模式是個騙局。

我問，你們這個平臺的收益從何而來？她說不清楚。

本來想勸她一句，對於自己不懂的東西，無論看上去多美，也不要輕易嘗試。

但是看她那種急於給別人洗腦的狀態，還是三緘其口吧。朋友很抱歉地說，我真不知道她現在變成這樣……。

出於好奇，我打聽了一下她的經歷。

婚姻離異，單親媽媽，北漂多年，早年踏踏實實做銷售，也掙到過錢，但總想掙快錢，迅速改善生活品質，再加上認知能力有限，終誤入了歧途。

有人會不解，為什麼這些特別不靠譜的事兒，總能吸引那麼明眼人飛蛾撲火？像莉姐這類人，有一個很大的共同點：年輕的時候，並非不努力，但是沒有做好人生規劃，也沒有什麼理財意識，財務狀況一直不甚好。隨著年紀漸長，事業也沒有什麼大的進展，愈發急於突破困境，在焦慮和困窘中，價值觀逐漸出現偏差。騙子勾勒出的大餡餅，成為她們生活中的一根救命稻草。她們想抓住這根草，游向自由人生的彼岸。

人生的蝴蝶效應，有時並非是一念之差，而是一念又一念累積起的風暴。

．．．

有一個女性朋友，以前從事著很高薪的工作，但卻是持續的月光族。現在辭職創業，並沒有多少啟動資金，目標也不是很明晰，導致工作和生活都磕磕絆絆。一次聊天，我說她不擅做長遠規劃，話剛開頭，就遭到激烈反駁。她說她不喜歡說教，不喜歡被別人修正價值觀，說自己自由至上，不看重錢，說自己單身，還有資本任性，有資本選擇活法兒。

為自己做個人生規劃，不明白為什麼在有些人眼裡，與夢想、情懷、自由等是對立的？

人生得意須盡歡，千金散盡還復來？姑娘，那是幾千年才出一個的李太白！

過於脫離現實的自由，只能是一場海市蜃樓。

太多拿自由當藉口的人，問問自己，是懶惰，還是逃避？

有段時間，消失很久的歌手朴樹又出現在大眾視線裡，他參加綜藝節日，說自己缺錢，人總是要吃飯的。

憑朴樹的聲名，如果他想賺大錢，即便久不在大眾視線裡出現，仍然有一百種方法。所以，我相信他確實是一個淡泊名利的人。

但是，如他自己所說的那樣，這十二年來，頭髮越來越少，父母卻越來越老……對於這些慢慢發生的事情，他用了一個詞——恐懼。

沒辦法，生活就是這麼殘酷，你對它妥協，什麼都不想做，最後它還是會逼得你毫無退路。

對於朴樹的粉絲來說，更希望看到的是那個永遠桀驁的少年，而不是如今這個「願你出走半生，歸來居然為錢」的朴樹。

我常常想，如果自己十年前就能有一個很好的人生計畫，好好規劃自己的職業發展路徑，好好理財，生活應該會比現在好很多。

人生規劃要趁早！基本上，越早開始規劃，人生就會越從容，越自由。

當然，從現在時候開始也不晚，根據自己的情況，勾勒好未來的藍圖，然後安安靜靜地為自己的目標而努力，終究會迎來生命中的巔峰時刻。

從經典人設到超級ＩＰ

近幾年，ＩＰ概念開始爆發，已經成為娛樂圈、文化圈、投資圈的熱詞，原本ＩＰ的本意是智慧財產權，後來逐漸被演化為有內容力和自帶流量的魅力人格。

或許你會說，我就是個草根，當不了明星，至多擁有個經典「人設」，要什麼超級ＩＰ？

非也！

好萊塢著名娛樂公關霍華德寫過一本叫《我要成名》的書，序言中有這樣一段話：「不管我們的目標是要揚名世界還是獲得當地民眾的關注，是取得商業上的成功還是辦好一場簡單的糕餅義賣會。最終，我們都會收穫屬於自己的『耀眼一刻鐘』。你是否有能力延長這一刻鐘的時間取決於你自己。」

一個普通人成為明星很難，但在自己的交際圈裡星光熠熠，打造成一個耀眼的小IP，還是很簡單的。

不知道你會不會有這種感覺，年少讀書的時候，身邊總會有幾個「明星同學」，多年過去，即使不再聯繫，你仍然對他們記憶深刻。有些人卻恰恰相反，拿著畢業照，對著那幾張似曾相識的臉，你怎麼也想不起他們的名字，他們面孔模糊，衣著普通，成績一般，沒有任何亮點給你的記憶提供線索。

很多人都這樣，沒有任何出色的地方供人記憶，很容易就湮沒於茫茫人海中，畢業的時候班主任推薦工作，上班後領導推薦升職，都沒有他們的份兒，但這也不能怪領導，因為他們實在讓人想不起來。

這樣悲摧的人生是不是應該馬上改變？

我們提倡簡單生活，不等於稀裡糊塗活著。在生活這本大書中，把自己標注出來，讓別人知道你是怎樣一個存在，讓別人感受到你的能量和堅定，才能讓一切都清晰明瞭，過上頂級的簡單生活。

．．．

讓人記住，令人印象深刻，與眾不同，這就是平常人所要努力打造的ＩＰ。

在生活中，有個名詞越來越被重視，那就是「個人品牌」。美國管理學者彼得斯說過：「二十一世紀的工作生存法則就是建立個人品牌」。他認為每個人都需要像明星一樣，建立自己個性鮮明的「個人品牌」，讓大家都真正理解並完全認可。

談到個人品牌，很多人都覺得距離自己太遠。其實不然，每個人都有自己的品牌，只是大多數人在大多數時候都忽略了這件事情。比如說大家談論起某人，有人說這個人是個快手黨，工作效率極高，那麼恭喜他，他的品牌價值就是執行力好，讓人放心。

個人品牌體現的是一個人在別人心目中的價值、能力和作用，因為個人品牌具有極大的差異化，讓你可以從芸芸眾生中迅速脫穎而出；個人品牌也代表著個人能力、信譽、才幹，可以為個人帶來更多的發展機會。

給你的個人品牌冠上一個鮮明正面的 logo，來證明你不是流水線上的大眾產品，而是有著獨具特色的個人品牌，這就是打造ＩＰ的第一步。

個人品牌的價值受很多因素影響，但究其本質，還是由個人的「產品品質」決定的。問問自己，如果我是一個「產品」，含金量高嗎？有產品價值嗎？有什麼核心競爭力？

要擁有一個閃亮的個人品牌，就得擅於培養自己能力上的某種優勢，能力和價值是打造ＩＰ的基礎。

‧‧‧

很多人都熟悉零點樂隊，主唱周曉鷗被譽為有「刀鋒般的嗓音，孩童樣的笑臉」。可惜的是，我這個「樂盲」一直以為周曉鷗是個狗血劇裡的二流演員，充其量也就是個無足輕重的配角。直到有一天，在一個叫「我是歌手」的節目裡看見了他，把一首《愛不愛我》唱得纏綿悱惻，舉手投足之間盡顯不同，簡直就是電視劇裡那個人的分身，除了臉一樣外，再沒我印象中搖滾青年的憤怒模樣。

我傻愣愣地對閨密說，這個演員竟然這麼會唱歌？閨密差點昏過去，她說，你是從古代穿越來的？周曉鷗都不知道，人家是零點的主唱，這首歌是人家的成名曲！周曉鷗的超級ＩＰ，絕不是從電視劇裡客串出來的，而是他最擅長的唱功所帶來的。

可見ＩＰ不是空穴來風，至少得有一個厲害的特長做依託。可能你並不以此為傲，但是在胸有成竹，完全掌控得了的情況下，整個舞臺就是你的，氣場就會像瓶子裡的酒精，不讓它揮發都不行。

對此，天天與明星打交道的霍華德的建議是：要做畢卡索，首先從畫好蘋果開始。在打破規則之前，應該先學習怎樣遵守。

打造一個與眾不同的個人品牌，可不是單純的標新立異。買一大堆關於人際交往的書鑽研攻心術，不如老老實實地遵守規則，比如，在人際交往中有一個好態度，在能力範圍內樂於幫助別人，不遲到，有時間觀念，學會傾聽，有耐心，講誠信……。

有句話叫作「要做事先做人」，一板一眼地把這些都做好了，然後踏踏實實地提升自己，內外兼修，秀外慧中，你的外形讓人眼前一亮，你的品質令人稱許，你的形象魅力也就自然散發出來了，擋都擋不住。

只有優秀的你，才會成為最受歡迎的「ＩＰ」。把自己修煉得越優秀，ＩＰ就越耀眼，行走在人群中就會自帶流量，自我成長、自我成就的欲望也就越強，能駕馭的事物也就越多，就越能過上簡單自由的生活，這是一種相輔相成的良性迴圈。

對自己外表的態度，就是對生活的態度

我有個朋友，曾經是一家網站的業務經理，有很好的收入和前景，卻不知因為什麼失業了，自此就一蹶不振，在大家的視線中消失了很久，有一天她突然哭哭咧咧地來找我，說自己身無分文，走投無路，就要流落街頭了，剛好當時我有一間小房子暫時閒置，就讓她先住進去再另行打算。

在之後的三個月裡，每次我去看她，總要敲半天門，聽見她在裡面匡匡噹噹地一頓忙乎，然後蓬頭垢面地來開門，開門之後滿屋子的煙霧，桌子上滿是殘羹冷炙，至於地上都不用提，自然也是滿地的垃圾。

我們的另一個朋友大芳雄心勃勃地想要改變她，幫她還了信用卡，辦了健身卡，帶她做了頭髮，買了新的化妝品、衣服、鞋子、包包，還給她找了份兼職工作讓她在家裡做。一週以後，我再去看她，新髮型已經蓬亂，照樣是滿屋子的煙霧，當時她正容顏憔悴地坐在電腦前玩遊戲。有時候我坐在旁邊看她玩，感覺她入戲太深，就像一個自信滿滿的女CEO對下屬安排工作一樣，運籌帷幄，縱橫佈局，戴著耳麥，對著話筒一直不停地說呀說，那種認真和投入的程度，讓我這種不玩網遊的人無法理解。兩個月後，她留下一張字條不辭而別。

我在很長一段時間裡絕口不提這件事，因為它使我和大芳看上去像兩個傻子。先不說我們兩個愚蠢自大的傢伙是不是把自己當成了救世主，單說她的問題，如果一個女人連洗臉都懶得洗了，那即使是上帝站在她面前也沒有用。

職業規劃師古典說：「在北京，如果你想搞廢一個人，那就提供一個沒有經濟壓力，隨時可以上網看書吃飯的房子吧。」我不能說我的這個朋友是我搞廢的，但我確實給她提供了一個可以自暴自棄的環境。

我之所以在她來找我的時候提供這種幫助，有兩個原因：第一是她曾經在我困難的時候幫助過我，做人不能說一定要滴水之恩當湧泉相報吧，但至少也得做到知情知意，有個禮尚往來；第二是，我與她初次見面的時候，她給我的第一印象相當好。我跟她是在一個展會上認識的，當時她穿著一身合身的職業套裝，把她襯托得非常知性，她有一個綽號叫「冠軍」，因為她的業績年年都是第一。

第一次見面，我就把她定位為一個非常優秀的職場麗人，即使後來稍顯落魄，也以為是在低谷期需要時間調整。其實萬事都是有因有果的，如果她是一個靠譜的人，又怎麼會變成後來那樣呢？後來我才得知，她一貫是一個不修邊幅的人，展會那天的得體形象，是她的老闆逼她捯飭成那樣的。那套衣服，她買回後就穿了那麼一次，吊牌都沒拆就又退回去了。她不但不注重形象，在工作上也是一個缺乏自控力和執行力的人，之所以有那麼好的業績，是因為與一個大客戶私交甚好，每年給她的單子占了她業績的百分之七十。後來，那家合作企業換了領導，新任領導不賣她面子，她的業績自然就直線下降，熬了半年後毫無起色，自動辭職了。

有人覺得，太平盛世，尚且不是人人都能維持精緻優雅，更何況身處逆境之中呢？但是，人越是在低谷中，越不能放縱自己。其實失敗並不是最可怕的事，最可怕的是陷入糟糕的狀態日復一日無法自拔。

⋯⋯

心理學研究發現，與一個人初次會面，四十五秒鐘內就能產生第一印象，而最初的零點二五至四秒給對方留下的印象是最深刻的，就在這轉瞬即逝的四秒鐘，便形成了別人對你這個人百分之七十五的判斷和評價。所以別人第一印象中的你不管是不是真實的，這種印象在人家腦海裡都很難改變。因此，第一時間呈現出的姿態、服飾、表情、眼神、語言等印象，雖然片面，卻會給人們的人際關係帶來深遠的影響。無論你相信與否，有時候，第一印象就是我們唯一一次表現自己的機會，直接決定著人際交往的命運。

不同的儀表給人不同的印象，隨之就會有不同的際遇。你給別人的印象，是讓別人決定你是否可信的重要條件，也是決定別人如何對待你的首要條件。你盡可以說以貌取人是多麼膚淺和愚蠢，但事實就是人們每時每刻都在根據你的服飾、髮型、手勢、聲調、語言等對你加以判斷，不管你願不願意，都會留給別人一個關於你的印象，並且這個印象又毫不留情地影響著你的生活。

霍華德說：「如果說到儀表問題，好萊塢的那些人身上有一點很值得學習。他們的穿衣風格迎合了理想工作而不是現有工作的品味要求。我並不是說如果你是美國海軍陸戰隊中的一員，你就得穿得像海軍部長一樣。但是，你的自身形象與你的衣著確實有著某種程度上的關聯……在任何公共場合，外表得體、舉止大方都是非常重要的。請記住，任何有知道你的人出現的地方都能稱得上是『公共場合』。人們對你的評價並不只是看你的談吐，還看你的儀表。無關淺薄。這就是人性。」

既然這是人性，我們就不能活得反人性或者沒人性。著名設計師可可·香奈兒說過：「每一天都要打扮得精緻漂亮，因為你不知道自己會遇見誰。」如果你不是一個資深的宅男腐女，有正常的人際交往，就不能對自己在公共場合的儀表有所疏忽，有些事情是非常「湊巧」的，就像快遞小哥總是在你洗澡的時候送快遞，公車總是在你剛剛離開站牌的時候來了，可能你職場或者人生的貴人，恰恰在你最無精打采的那一天出現。機會可能來過，但你卻沒有保證最佳的出場狀態。

···

話說回來了，誰不願意自己看起來漂漂亮亮、光鮮亮麗的？可是生活艱辛，為了晉升成經理，每天早上連早點都顧不上吃，幹活如牛，走路生風，連鬍子都沒時間刮，哪有那麼多閒時間梳洗打扮？再或者，身為自由職業者，每天對著電腦度日，宅女一枚，除了快遞小哥難得見個活人，打扮好了也沒人看，一大早起來「對鏡貼花黃」，有那個必要嗎？

當然有必要！如果你羨慕有些人總是交際的高手，情場的寵兒，職場的驕子，那麼不妨看看他們背後做的功課。有人說他們得到的都是出於幸運，殊不知機會總是垂青有準備的人。可以觀察一下，那些似乎輕易就能在派對上獲得大家欣賞，遇到好的戀愛對象，頻頻升職的人，有哪個是對自己外表潦潦草草，得過且過的？

英國有一家著名的形象公司，曾對三百家金融公司做過調查，發現在公司中職位越高的人越認為形象是成功的關鍵，因而就越注重自身形象的塑造和管理，並且他們也願意讓那些有出色外表並能向客戶展示出良好形象的人升職。

再強調一下，注重形象不等於穿得越顯眼越好，重點是要適合你。

加拿大形象設計師海倫・布朗傑說過一句話：「裙子越短，權力越小；領口越低，權力越小。」這句話是職場的穿衣法則。推而廣之，在職場外的其他領域也一樣，你要明確為自己設計的形象定位是什麼，你準備出席的場合是什麼，你的穿衣原則是要為這些目的服務的。對待自己外表的態度，說到底，源自每個人不同的生活態度。

不僅僅是外表，一個人的居室整潔程度，所採取的生活方式等等，無不與其生活態度相關。從心理學的角度說，個人空間和私人領域都是身體的延伸，一個愛惜自己外表的人（我說的愛惜自己外表的人，絕不是那種平時陷在豬窩裡，出門時捯飭三個小時的人，而是獨處時也能把自己收拾得乾淨俐落，真正愛惜自己外表的人）總會儘量使自己的居室保持整潔，那樣會令他們感到更加舒適和有自信。

教育家張伯苓說：「人可以有霉運，但不可有霉相！越是倒楣，越要面淨髮理、衣整鞋潔，讓人一看就有清新、明爽、舒服的感覺，霉運很快就可以好轉。」他還編了一句順口溜：「勤梳頭勤洗臉，就是倒楣也不顯。」

人生不如意事十之八九，即使栽了跟頭，也不必非得把那點滄桑都寫在臉上。大家都很忙，沒有人有義務必須透過你邋遢的外表去發現你美好的心靈，發現你優秀的內在，挖掘你卓越的能力……你必須乾淨、整潔，甚至是精緻！一個明朗的形象才更能讓人信任，讓自己得到成長的機會，這是每個人做人的基本任務，不分男女。

不論多麼忙，每天抽點時間，好好打理一下自己，從頭到腳都讓自己滿意了，底氣就足了。眉頭舒展，笑容自信，好運自然就來了。

別加戲，簡簡單單地做自己就好

辦公室新來了一個姑娘叫小曼，這姑娘工作能力挺強的，交易處理得非常俐落，脾氣也好，開朗大方，跟大家處得都不錯。如果說有什麼缺點，就是太愛在工作的時間打電話。她的電話特別多，隔一會兒就有人打進來。她接電話的時候總是擰著眉毛，語氣極不耐煩，語調通常會越來越高，最後好像要吵起來了似的。時間長了，大家總在一旁聽，也略知一二。總給她打電話的是一個她稱為「李總」的人，好像是在追求她，她明顯對這個人不感興趣，有點不堪其擾的感覺。

後來，她告訴我們大家，追求她的這個人是她原來公司的老闆，她就是因為不勝騷擾才辭的職，現在換了工作對方還是糾纏不休。看著小曼淚眼盈盈的樣子，大家憐香惜玉之心頓起，紛紛出謀劃策，幫她想辦法怎麼擺脫渣男。

這個「渣男」特別執著，一直給小曼打電話，想跟她約會，小曼也總是給大家講這個人的一些花癡行徑，講著講著，把大家都整得有點兒感動了，都跟小曼開玩笑說，既然這個人長得還行，又有錢，對你還那麼癡情，不如就從了吧。

有一天，小曼的手機又響了，像以前一樣，她接起來說了半天，氣鼓鼓地掛掉了。中午吃飯的時候，坐在小曼身邊的艾莉欲言又止，終於沒忍住，對大家說：「今天小曼的電話鈴聲響起來的時候，剛好我起身去發傳真，無意中看到她的手機螢幕，上面有兩個字……」大家都說，什麼字，李總？

艾莉說，是鬧鈴。

大家一下子沒聽明白。艾莉說，小曼按掉鬧鐘，然後假裝接電話，說了半天……。

大家愣住了。難道這個「李總」子虛烏有，小曼對著電話在自說自話？大傢伙兒都有點兒難以接受。

稍微留意一下你就會發現，這種生活中的演員其實非常多，只是表演的程度不同。這樣的人，在一般人來看來，特別可笑。他們喜歡在公眾場合透過各種方式來吸引別人的注意。吹噓自己的才華，炫耀自己的身世、財富或情感生活，無不是為了獲得別人的關注。

網路用語裡有一個詞叫「戲精」，特別火，我覺得小曼這類人簡直就是「戲精」本尊了。她的內心戲，足夠拍部電視劇。

・・・

心理學家馬斯洛認為，人有五個層次的心理需要：飲食與性的生理需要、安全需要、歸屬需要、自尊需要、自我實現的需要。「秀」是人們滿足了安全需求後，對歸屬感和愛的一種追求。

「秀」是現代人的通病。只要有一個手機，處處都可以成為秀場。只要吃了點兒好的，買了點兒貴的東西，去了趟外國，真是人生得意須發朋友圈啊！秀的過程和收到的回饋，都能讓我們覺得自己被需要、被注視、被肯定。

普通人不是明星，沒有那麼多場合可以對著鏡頭閃閃發光，這些證明存在感的機會可是來之不易。

隨便秀秀也無傷大雅，但什麼事都是過猶不及，秀得太狠了就說明有問題。所謂窮人炫富，懶人裝賢，很多時候，越是顯擺什麼，說明內心越想要什麼。越是把自己生活秀得光芒四射三百六十度無死角，越是證明缺乏得還很多。

除了秀恩愛、秀有錢、秀光鮮，還有一些令人啼笑皆非的「秀」。我有一個朋友，有一種「節日絕食症」，無論大節小節，一到過節就絕食。她點了一大桌子的菜一口都不吃，對著朋友痛哭流涕，懷念自己去世的親人。

「一想到我媽再也吃不到，這些好吃的我一口也吃不下去，嗚嗚嗚……」

剛開始大家還會勸她，後來次數多了，實在不知道該怎麼勸了，只能默默地坐著，看著她面前很快堆起一座紙巾小山。

當然，一桌子菜誰都沒動一筷子，朋友沉浸在喪母之痛中如此痛苦，你怎麼好意思大快朵頤？

再後來，一到逢年過節，朋友們都不接她的電話……大過節的，誰都不想去觀賞「痛苦秀」。

很多裝痛苦、裝可憐的人似乎都有一種「癮」，想方設法地創造各種機會將痛苦的情緒呈現在別人面前，這種「癮」的本質是為了尋求關注，是對別人感情和注意力的一種要脅，將別人的焦慮和關心作為自己的安慰劑。

・・・

人性是非常微妙的東西，秀幸福一般能引來兩種目光，一是羨慕，二是嫉妒；秀不幸也能引來兩種目光，一是不屑，二是鄙視。面對自己的閃光點，每個人都難免有小「嘚瑟③」的時刻，想像孔雀一樣，開開屏，顯擺顯擺自己漂亮的羽毛，順便告訴一些人，我有實力，我很牛。

可是，不是誰都能為你的成功歡呼喝彩的，不是誰看你過得好都發自內心高興的，大多數情況下，打擊會接踵而至。不是因為樂極生悲，而是太高調容易引起別人的不滿。

我的女同事在朋友圈裡發了自拍，說大家都誇自己是團隊裡的顏值擔當，馬上就有人評論：「你們團隊顏值的平均分數真夠低的。」立刻破壞了她的好心情。

所以，沒事別老將自己當成閬苑仙葩④，免得招人厭煩。別人生完小孩在辛辛

---

③ 指得意忘形。

④ 形容此人有如仙界之花。

苦苦節食健身怎麼減也還是胖，就你怎麼吃都是魔鬼身材，這種違背常理的事別怪人家不信。就算你的幸福完美得毫無破綻，又有人會說，憑什麼啊？天上就掉一個餡餅，憑什麼就砸到他了呢？出於這點兒不平衡，肯定有人會憋著勁兒，就算是雞蛋裡挑骨頭，也要給你的生活找出根刺來。

至於秀痛苦，更是大忌。不是誰都能對你的痛苦感同身受的。過多地宣洩情緒，只會讓人覺得你作為一個成年人太過脆弱，內心不穩定，難以擔當大任。

我的建議就是，為人處世，沒事別給自己亂加戲碼，簡簡單單地做自己就好！

高調做事，低調做人，總是沒錯的。

低調不容易做到，但這恰恰是少數人勝出的法寶，如果在低調中偶爾閃耀一下光芒，彰顯一下實力，往往會令人驚豔，人終究還是要靠乾貨為自己加分的。

如果上天沒有給你九條命，那就自己給

美國著名脫口秀女王歐普拉，在為哈佛大學畢業生演講時，說：「我希望你們記得：沒有失敗這回事。失敗只是讓人生轉個彎。」

這位脫口秀天后在美國影響有多大呢？據說有人問一個美國人，在美國歐巴馬和歐普拉誰的影響力更大？「這還用問嗎？」這個美國人聳聳肩，「歐巴馬最多只幹八年總統。」

歐普拉曾經在事業上二十幾年不敗，她的《歐普拉脫口秀》節目熱播了二十五年，無數名人甚至總統排隊、哪怕插隊都想上她的節目。在她宣告退休，節目停播的前三天，美國最嚴肅的新聞週刊時事類雜誌《時代週刊》，在刊物中哀嘆：只有三天了，美國，你受得了嗎？

二〇一二年，她打造的歐普拉電視網陷入困境，歐普拉跌入了她職業生涯中最大的一次低谷。

二〇一三年五月，她受邀為哈佛大學畢業生演講：

我從十九歲就進入電視圈。一九八六年，《歐普拉脫口秀》開播，創造了長達二十一年的收視冠軍紀錄，我也陶醉在這成功之中。

直到幾年前，我重新檢視自己，決定開創新局面，所以結束脫口秀節目，創立了歐普拉電視網。

但是一年後，幾乎所有媒體都說，我的新事業是個大失敗。我還記得，有天翻開《今日美國報》，就看到了「歐普拉電視網搖搖欲墜」的標題。那真是我職業生涯中最淒慘的一刻，我心力交瘁、沮喪受挫，而且難堪不已。

就在那時，福斯特校長打電話來，力邀我為今年的畢業典禮演講。我心想，我現在這麼失意，你還要我去向哈佛的畢業生演講？能說些什麼呢？掛上電話後，我決定去沖個澡。因為不洗澡的話，我肯定會吃下一整包 Oreo 餅乾。

在浴室裡，我想起了一首讚美詩《當早晨來臨》，它勉勵人們，困境不會是永久的，這次的難關也終將過去。於是，洗完澡，我告訴自己，一定要扭轉劣勢，變得更好。我一定要在一年後去哈佛，分享渡過難關的經歷。

今天，我來這裡，就是要告訴大家，歐普拉電視網終於逆轉勝了！

如果你跟我一樣，不斷鞭策自己追求更高的目標，那麼，你一定會有摔跤的時候。但是記住：人生沒有失敗這回事，失敗的出現，其實是為了讓我們換個方向，再試試看。

當你掉入人生谷底時，痛苦是難免的。沒有關係，就給自己一點時間，感嘆失落吧。重要的是，你要從每次的錯誤中，學到教訓。因為人生的每個經驗、遭遇和失誤，都是為了引導和鞭策你，成為一個更好的自我。

之所以這樣大段地引用這段演講詞，是因為這位全世界最有名最有錢的節目主持人，擁有全美三千三百萬電視觀眾的「大媽」歐普拉——九歲曾遭侵犯，十四歲未婚產子，曾經酗酒吸毒，在命運的大染缸裡浸泡，看不到任何重生的希望。涅槃重生後的她，對於失敗的闡述，絕對是金玉良言。

．．．

無論我們喜不喜歡，能不能適應，一個變化迅速的時代正熱烈地撲面而來。生活、事業或是感情，生命中的各種無常變化，幾乎成為生活中的一種常態。有人失戀了、有人失業了、有人破產了，有人遭遇家庭危機，有人健康出了問題……。

在面對這些巨大的變化時，人與人的態度不盡相同，有些人視為天塌地陷世界末日來臨，陰影長久揮之不去，一蹶不振甚至籠罩半生，成為生命不能承受之重；有些人卻能夠在震驚挫敗悲傷等情緒過後，迅速將其轉變為人生的一個契機，成功逆襲，完美重生。

面臨危機時，人們失去了對慣性生活的控制感，失去了安全感，此時沒有人可以跳過情緒的失控期。心理學家認為，不要逃避情緒，不要試圖越過，情緒是個強有力的信號，提示我們要對自我進行重新定位。

很多人在遭遇危機的時候，常常封閉自我，不願意與他人產生聯結。這樣的人，在遭遇危機的時候最容易絕望。要想真正渡過危機，我們的心靈必須是敞開的，保持心的活力，讓更多的觀點、事物和人進入我們的視野，這樣我們才不會依賴有限的人或事，自我的世界也就不容易坍塌。

即使是像馬雲、王石這樣的商界大鱷，都曾經經歷過事業失敗的重創，重新爬起來後總結道：「人生的智慧，總是在受傷時成長。」、「沒有什麼比失敗時，讓我更能看清自己的本心。」

危機來臨後，重要的不是它為什麼會發生，也不是追究什麼責任，而是自己從危機中學到了什麼。真正幫助一個人從危機中走出來的，是其對待危機的態度。轉「危」為「機」的關鍵，是透過危機換一個角度看待自己，並發現更多未知的自己，以及生命的各種可能性。經歷了一次危機，可能生命的格局都會發生變化，換一種眼光看待危機，它也許就會成為我們一個挖掘潛能、實現自我的機會，成為成長的動力和重生的契機。

・・・

所謂困難，只有困住了才難！而我們內心的力量以及我們生命的彈性，就是那個帶領我們輕盈脫困，華麗轉身的源頭活水。

退一萬步說，面對危機，即使你什麼也做不了，至少也要保持心靈的安靜平和吧？作家畢淑敏說過：「怎樣度過人生的低潮期？安靜等待；好好睡覺；鍛鍊身體，無論何時好的體魄都用得著；和知心的朋友談話，基本上不發牢騷，主要是回憶快樂的舊時光；多讀書，看一些傳記，增長知識，順帶還能參照別人倒楣的時候是怎麼挺過去的；趁機做做家務，把平時忙碌顧不上的活兒都幹完。」

一生跌宕起伏，幾次三番遭遇親情、事業、信任危機的賈伯斯在給妻子的一封信中寫道：「光陰荏苒，孩子降生，日子過得好，過得難，但從來都不壞。我們對彼此的愛和尊敬維持至今，枝繁葉茂。」

淡然的言語之間，一顆強大而又平靜的心熠熠生輝。

對待危機的態度、強大的內心力量、安靜平和的心態，可以有效地消滅危機的摧毀力。如果你仔細回想人生中每一個曾令你感到絕望無助的拐角，你會發現，讓你生存下來的，正是你自己。

民間傳說，貓有九命，其實是讚美它樂觀的生命力。如貓一般樂活，能讓我們自建安穩，並長保幸福。

說到樂活，不僅僅是在面對順境時，擁有追求並完成自我幸福的能力，更重要的是，在危機降臨的時刻，如何擁有穩住自己之後逆襲新生的內在韌勁。

九條命不是上帝給的，是自己給自己的。

過低內耗的生活，不在無謂的事情上用力

我上學的時候有一個女同學，看上去特別文靜，似乎對什麼事情都淡淡的，不愛出風頭，但是與班裡的每一個同學私交都不錯，包括一些很孤僻的人。人緣好並不能說明什麼，她的另一個特點就是自製和堅持。大學四年，只要沒有課的時候，她每天都會早上九點準時到圖書館看書，下午四點回宿舍，不過她並不是個瘋狂學霸，晚上會像大多數同學一樣，參加社團活動，也去夜店。她還買了一台掃描器，兼職幫一家公司做簡報，掙點外快。她成績很好，同學喜歡她，教授們也喜歡她。臨近畢業季，大家都還在點燈熬油地苦寫畢業論文的時候，她已經找到了一份很理想的工作。

在特別容易虛度光陰的大學時光裡，我最佩服的就是她管理自己生活的能力。

而且，無論她領先別人多少步，她身邊的人都會真心替她高興。可能會有些羨慕，但沒有嫉妒，更不會有詆毀。

大學期間的女生正是比較喧鬧的年紀，經常可以看到有女同學抱著電話跟男朋友吵架，或是因為來不及準備考試而抓狂，有時候跟同學鬧點小彆扭，或者喜歡哪個男生犯點兒花癡……這些事情從來都沒在她身上出現過。我覺得，她似乎從來都不讓無聊的事占住大腦記憶體，所以運行得非常快速。

總有這樣一類人，他們不會在一些無謂的事情上特別用力，比如與他人一爭長短，比如失控地發洩情緒，比如損人不利己地妒恨別人。

他們的時間、心力大多都投放在能夠給自己帶來最大收益的事情上，其餘的時間，則都用來享受生活。

就是這樣的特質，讓他們在人群中更容易被識別。與大多數人相比，他們顯得從容、精緻，工作比較出色，享有更好的生活。

……

我們每個人都潛藏著巨大的心理能量，如果正確使用這種能量，就能取得一番成就。如果這種心理能量沒有得到正確使用，就會產生巨大的內耗，足以讓人一生一事無成，並且帶來很多情緒上的困頓和失意。

很多時候，想要過上簡單有序的生活，最大的困擾就是遭遇心理上的「內耗」。一旦這種內耗產生，你的心就會像吵吵鬧鬧的火車站一樣，得不到片刻安寧，每天不是為這事操心，就是為那事擔憂。

「內耗」讓我們在不知不覺中損耗了太多的心理能量，轉移了注意力，浪費了精力，長期的內耗更會讓人感到身心疲憊，無法以一個良好的狀態去面對生活，尤其是在遇到困難時，就算理智要求自己專注，潛意識還是會進行自我消耗。

那麼過低內耗的生活又是怎樣的感覺呢？就是不管你做什麼，都會感覺到如魚得水，對生活有一種穩定的把控感，即便碰到難題，大腦也不會強迫你死盯著眼前的障礙發愁。低內耗的生活是一種良性迴圈，會讓生活愈發趨向輕鬆。反之，高內耗是一個無休無止的惡性循環——你越是內耗，情緒越是低落，對自己的表現就越是不滿意，接著你很快會發現自己又陷入了新的內耗之中。

……

當然，這種高內耗的惡性循環是可以被打破的。

低內耗的人活得輕鬆，並不是因為他們運氣好。天寒天暖，柴米油鹽，日常的瑣碎和困擾一個都不會少，支撐他們淡然自若的，是他們強大的內心。目標明確、處變不驚等等這些特質都是外在的表現，他們的心是一枚堅硬的堅果，這才是他們精神的內核。有這樣一種內心力量，他們不需要色厲內荏，也不屑於怨天尤人。他們展現給我們的樣子，總是心無旁騖地走自己的路，因為不在繁文縟節上浪費時間，反而能夠更細緻地品味生活。看上去，他們像一群目光堅定的鬥士，又是細膩溫婉的性情中人。

想清楚為什麼而活的人，自然總是有自己的理想，並且總是努力去做，這種人就是內心清晰而又強大的人，只要你願意，你也能做到。

對此，德國哲學家尼采說過一句非常著名的話：「知道『為什麼』而活的人就能忍受任何一種生活。」

當我們想清楚想要過什麼樣的生活，這種生活就是一種有意識的，經過個人選擇的生活，便會體會到一種量身訂製的感覺，它會將我們的生命內耗降到最低。

所以，簡單生活，不僅僅是在生活上做減法，更是在心靈上做減法。進行一次深度的自我認知和自我整合。你會自然而然地知道自己真正需要什麼，生命中最重要的是什麼。

有時候活得累，內耗高，就是因為想得太多，做得太少，心一直在努力，身體卻沒有行動，卸下那些沒用的思想包袱，輕裝上陣，給自己規劃一個美好的未來。

不會拒絕，就是麻煩的開端

因為工作性質的原因，總是有人來找我寫這寫那，有個在家鄉電視臺做記者的同學，有段時間幾乎一半的採訪稿都是我幫她寫的，她把錄音發過來，規定好時間，我就得加班超時地完成，雖然有時候開玩笑說她的一半工資應該給我，但畢竟多年的交情，拒絕還是說不出口。

一個做平面設計師的朋友也有過類似遭遇，隔三差五就有人找他：嗨，幫我設計個 logo。

這些找上門來的人，覺得對於設計師來說，設計個 logo 就是舉手之勞，如果這麼小的事情都拒絕幫忙簡直就太不給面子了。可是換位思考一下，人家在辦公室為老闆服務了八小時，累得不行，回到家還得義務幫你繼續服務？

只要遇到他人的請求，一般情況下，在我們面前只有兩個選項：答應或拒絕。在這個「人情社會」中，拒絕的話很難說出口，既然人家已經開口，在力所能及的情況下，自然要幫忙。可是選擇答應吧，有時自己又非常為難……。

當然，在面子上，答應肯定比拒絕要好看。應承下來至少會讓對方感到高興，拒絕很可能使兩個人都覺得很尷尬。

話雖如此，在答應之前你一定要好好想一想，暫時避免了當下的尷尬，你必定得承受隨之而來的辛苦，這辛苦是你願意承受的嗎？還有非常重要的一點，大多數人都有得寸進尺的毛病，這次答應了他們，下次再來求，是答應還是拒絕呢？

如果答應，實在沒有精力攬下一攤子又一攤子的事兒，如果拒絕，好，連上次的情面也賠進去了。

這就是一個從一開始不會拒絕的人，越來越難以拒絕過分要求的原因。

這種交往模式，就像九連環一樣，一環一環地把你套住了。

．．．

人際關係中的很多煩惱，都來自不會拒絕別人。因為不會拒絕，很多人都陷入了不自由的生活中。

既然答應了別人，就不得不做很多額外的事情，時間、精力都要不停地為「不會拒絕」而支付成本，把自己弄得很忙很累，哪還有充足的時間和閒適的心情來享受生活，照顧自己？而自身的才華、能力也可能會因此而無法正常發揮，進而影響了工作和事業。

我有一個學妹，心靈手巧，特別會做糖霜餅乾，她烤出來的餅乾就像藝術品一樣，讓人不捨得往嘴裡放。

耶誕節，她送給我一小包餅乾，圖案竟然是我的漫畫，雖然一口一口把自己「吃了」的感覺有點奇怪，但餅乾確實很美味。每次她在朋友圈裡曬新樣式的餅乾，我都會買一點，而且都會按照價格付錢給她，畢竟做餅乾很耗時間，而且也需要成本。

後來，有好久好久，我發現她都不再發餅乾的圖片了。問起來，她說，每天有太多的人來要餅乾，都是關係很好的朋友，拒絕誰都不好，弄得她一天到晚都得在烤箱邊轉，什麼正經事也幹不了，而且烤餅乾需要糖霜、奶油、泡打粉等等食材，價格都很貴，還得搭上快遞費，再送下去她就要破產了，索性再也不烤餅乾了。

我非常理解她，但是也比較惋惜，再也吃不上美味又精美的餅乾了。早知這樣，真不如一開始就一點都不送，明碼標價，能接受的就來買，接受不了的就不要來湊熱鬧。

像我學妹這樣的人，為什麼明明自己心裡不樂意，還是會強忍著去答應別人？僅僅因為對方是朋友，拒絕的話說不出口嗎？

．．．

通常，不願意拒絕別人的原因是怕傷害情面，怕對方覺得自己薄情寡義，不講義氣，這是因為你對人際關係有種不安全感，生怕拒絕會傷害彼此間的關係，讓朋友變得疏遠，所以寧可委屈自己也不願去承擔朋友離開的風險。

以「不拒絕」來獲得他人的認可，維持人際關係的良好互動，是一種弱勢心理，用不停地給自己發好人卡的形式，來證明自己是有朋友的，是被接納的。在這種種自我確認的暗示下，寧願咬牙忍痛掩藏自己的真實感受，也不願拒絕朋友的要求，哪怕那些要求是無理的。

其實，還是自己想多了。人家哪有你認為的那麼玻璃心，三毛說過，「不要害怕拒絕他人，如果自己的理由出於正當。當一個人開口提出要求的時候，他的心裡已經預備好了兩種答案。所以，給他任何一個其中的答案，都是意料中的。」

如果一個朋友因為被拒絕就與你絕交，那他也不是什麼真正的朋友，絕交就絕交吧，難道還要留著過年嗎？真正的朋友，會重新調整你們之間的關係，他會理解，你拒絕必然有自己的理由。

比如我有一個開書店的朋友，一次我晚上十點半打電話給她，請她幫忙找一本舊書的時候，她就堅決拒絕了，而且三番五次地告訴我，她的睡眠品質特別差，以後千萬不要在晚上十點後打電話給她，否則很可能會失眠。

從那以後，我就謹記在心，不但晚上不給她打電話，甚至連她的朋友圈都不評論，生怕擾得她一夜都睡不著。

要想贏得別人的尊重，靠的不是順從，只有那些懂得拒絕的人，才能讓別人看到你的原則和「底限」，讓自己在人際關係中達到與他人的雙贏。所以，永遠不要為了怕得罪別人而違心地幫別人忙，甚至答應一些觸犯自己「底限」的事，要學會在該拒絕的時候堅定地拒絕，否則特別容易被愛占便宜或者別有用心的人利用。

作家畢淑敏說得好——「拒絕是一種權利，你那麼好說話，但又有誰能體諒你？」生活本就不容易，很多時候，你捨棄了自己寶貴的時間，卻被那些利用你善良的人壓榨，於他們而言，你所做的事都不值一提。

拒絕也是一種能力，這種能力的大小與內心是否強大的關係密不可分。也就是說，一個總是無法拒絕別人、不敢拒絕別人的人，內心一定是軟弱的；相反地，敢於拒絕別人的人，內心一定是強大的。

大多數時候，一個人難以拒絕別人，其實是自己無法接受讓別人失望的局面，而一個內心強大的人，能夠做到認同自己，接納自己，不需要透過滿足他人的方式來獲得外界的肯定；一個內心強大的人，必然活得篤定從容，知道自己想要什麼，知道什麼事情應該排在優先首要處理的地位，懂得透過適當的拒絕來給自己留出空間，實現自身的價值，絕不會為了滿足別人的要求而消耗大量的時間和心力。

希望我們每個人都做一個內心有力量的人，真誠助人但量力而行，不刻意討好，也不一味遷就，以不卑不亢的態度與朋友交往。

CHAPTER 3

／時間／

學會選擇性放棄，不在無謂的事情上用力

你把時間用在什麼地方，
你就會成為什麼樣的人。

每個人心裡都住著一個未來，卻未必有一個GPS

韓歪歪小姐的人生目標從二十歲開始就特別明確，那就是嫁入豪門。不過這只是我聽說的，因為我們認識的時候她已經二十七歲了，這個願望還沒有達成，孤身一人，卻依然向著越來越遠的目標翹首以待。

郭晶晶嫁霍啟剛①那一年，韓歪歪對我說，郭晶晶一臉旺夫相，看她的臉就知道她註定是要嫁入豪門的。「這都是命啊！」她幽幽嘆道。

韓歪歪最早有一份文員的工作，但是做得三心二意，在她看來，工作只是嫁人前的權宜之舉，她也不指望這份工作能讓她過上想要的生活。她每天在電腦前查閱資料，研究命理學，利用假日到各處去拜佛，全國有名的寺廟幾乎都去過，手腕上戴滿了開過光的佛珠手鍊，忙得上竄下跳的，那點微薄的工資都花在了路上。她覺得這些都是值得的，只要求個好命，下半輩子就能過上好日子了。

她特別不理解那些不信命的人，更不理解那些本來就沒有好的命數還自暴自棄的人，她甚至直言不諱地對一個剛剛結婚的女同事說：「你的人生已經失敗一半了」。在她看來，這個女同事已經浪費了靠婚姻改變命運的機會，再也無法翻盤。

有段時間，她突然辭了職，找了一份賣高爾夫球桿的工作。她覺得打高爾夫的都是有錢人，賣球桿也許能接觸到這些人，如此便有機會嫁入豪門。幹了一陣子之後，她發現大多數買球桿的人好像也沒多有錢，一氣之下又辭職了，於是韓歪歪失業了。

她賦閒在家時，每天上網閒逛，突然發現現在的「網紅」了不得，整整容變變臉就能釣到金龜婿。「整容改變命運」，要想嫁入豪門，硬體得過關，這麼簡單的道理怎麼早沒有想到呢！韓歪歪馬上忙了起來，到處搜集資訊，每天坐著地鐵到各大美容醫院面診，力求拿到一套最完美的整容方案，然後一舉躋身美女行列。

我跟她見面的時候，她對我說：「我要墊個山根。」我問：「什麼意思？」

---

① 郭晶晶為中國跳水皇后。霍啟剛為香港富商。

她說：「就是把鼻粱弄高點。」並且給我科普了一番，人的五官長什麼樣子，與命運是相關的，光旺夫不行，還得好看。想兼顧這兩點，就得借助醫美。

墊了鼻粱以後，她又做了眉毛和嘴唇，做完嘴唇後，一週不能接觸食物，否則就會起泡。於是，韓歪歪每天對著鏡子，張大嘴巴，把麵包撕成小塊小心翼翼地放進嘴裡，喝水就用吸管。因為這種吃飯方式太麻煩了，她每頓就吃一小點，即便這樣仍然需要花費一兩個小時。

嘴唇恢復好了以後，有一天韓歪歪突然覺得肚子劇痛，疼得直哭，家人急忙把她送到醫院，一檢查，是因為飲食不規律得了膽囊炎，肚子上打了三個洞，做了微創手術。我去探望的時候，她一臉蒼白地躺在床上。我嘆氣說：「你這是何苦呢，聽人勸，吃飽飯，以後別折騰了。」她虛弱地說：「我覺得一切都是值得的。」

像韓歪歪這樣的人很多，折騰得上下翻滾，無非是想活成自己想要的樣子。但是為什麼折騰了半天，還是折騰不出想要的生活呢？因為這種折騰，沒有任何方向，就像溺水的人一樣在水裡胡亂撲騰，耗盡了體力，也沒有離岸邊更近一些。

・・・

女孩子到底該不該樹立嫁入豪門的人生理想，有待商榷，先不討論這個，現在我們先把它當成一個普通的人生目標。對於這個人生目標，我一直覺得，韓歪歪最大的問題是沒有為她的目標付出過任何努力。她說她一直都沒有談過戀愛，就是為了堅持等她的真命天子到來。在我看來，這種毫無作為的堅持無異於坐以待斃。

每個人都有人生目標，但是光知道自己想去哪兒並不夠，還得知道怎麼去。

韓歪歪之所以會迷失在嫁入豪門的路上，是因為她根本不知道從她這裡出去，到嫁入豪門，到底要怎麼走，中間要經過幾個路口，爬幾個坡，涉幾條河。想過好日子的願望無可厚非，但是韓歪歪的著力點完全不對，結果反而是欲速則不達，人生夢想變成異想天開。

想嫁個有錢人，起碼得讓有錢人看見你吧？這個世界有大把大把的灰姑娘，你埋沒在其中，王子的眼睛都挑酸了也瞧不見你啊！

梅琳達是怎麼嫁給比爾．蓋茨的？比爾．蓋茨和梅琳達都是工作狂，兩人都喜歡下班後在辦公室裡加班。每天，蓋茨從自己的辦公室視窗望出去，正好可以看見梅琳達。更值得一提的是，梅琳達曾經回饋過一條重要資訊，修正了 Windows 的致命失誤，為公司避免了重大損失。因為這些，相貌身材都一般的梅琳達才引起了比爾・蓋茨的關注。

我不知道郭晶晶的人生理想是當世界冠軍還是嫁入豪門，或是其他什麼的，但我總覺得，她站在三米跳臺向上踮起腳尖時也墊高了自己，因此才吸引了「高富帥」的目光。換句話說，嫁入豪門只是人家成功的一個副產品。如果她的目標僅是釣個金龜婿，怎麼可能會堅持泡在水裡二十年，在脛骨和腓骨粉碎性骨折的時候都沒有放棄運動生涯？

・・・

歐普拉說過：「你要隨身攜帶一個GPS，你必須找對下一步。而關鍵，就是要培養出一套道德和情感的內在導航系統，來告訴自己該往哪裡走。」

用過GPS的人都知道，在出發之前，首先要設定一個明確的目標。在途中，可能會遇到各種各樣的情況。急轉彎的時候，要放慢速度；有大坑的地方，要小心繞過去。無論是拐彎還是繞路，終極目標都是不變的，一路的跋涉，都是為了抵達那個最終的目的地。只要你的目標是明確的，方向是正確的，GPS總能幫你到達設定的目的地。

沒有方向，一切都是空談。在物理學公式中，時間×速度=路程，在人生的公式中，還要加一個變數，就是方向。我們都走在路上，如果用一樣的時間、一樣的速度去行走，方向卻不同，結果肯定不同。方向對了的人，離目的地越來越近；方向錯了的人，南轅北轍，走得越遠越糟糕。

亦舒有一篇小說，講一對閨密，一個美一個醜。美女整日忙於談戀愛，醜女沒得談，只好把時間用在讀書上。十年之後，美女成了單身媽媽，生了一個女兒，到醜女的公司探班，看見下屬殷勤地為醜女開門，不禁感嘆，一個人把時間用在什麼地方，最終獲得什麼結果清晰明瞭。

你把時間用在什麼地方，你就會成為什麼樣的人。擁有六塊腹肌的人，一定會把許多時間用於健身；工作總是先人一步成為行業翹楚的人，大都常常加班；而那些一出手就像開掛的遊戲高手，肯定常常泡在網遊裡。

所謂堅持，不是無所事事地等待，也不是東一鋤頭西一榔頭地亂闖，而是帶著清晰的目標上路，懷揣著人生的GPS，去探索，去努力，不惜付出自己的時間、青春、精力，始終向著夢想的方向行進！

一個最簡單的道理：自由來自自律

有一部美國的公路冒險電影叫作《末路狂花》，第一次看這部電影的時候，感覺很驚豔，看到這種生死與共的女性友情，少了幾分脂粉氣，多了幾分仗義，令人心潮澎湃。

這是兩個女性在路上的故事。露易絲是一家咖啡館的女員工，整日忙於工作的她想要來一次短途旅行，就力邀好友泰瑪同行。兩人途經阿肯色州的一個酒吧，把車停下進去休息，一個喝醉的男人邀請泰瑪跳舞。平時孤獨無聊的泰瑪大概是想借這個機會放縱一下，不顧露易絲的勸阻，與這個男人大跳貼身舞，舉止親密，並被對方帶到了停車場。追到停車場的露易絲發現男人企圖強暴泰瑪，她從包裡掏出槍制止，言語衝突之下露易絲開槍打死了男人。

因為沒有現場證人，缺乏正當防衛的證據，害怕被重判的露易絲和泰瑪慌忙逃離現場。自此，原本一場週末的輕鬆旅程瞬間變成了一場無法回頭的逃亡之旅。一路上，她們盡情發洩平時生活中累積的壓抑和委屈，搶劫便利店，炸毀大卡車，把追蹤者關進後備廂，與陌生人發生一夜情……。

最後，決心對抗到底的她們，雙手緊握，微笑著將車開進科羅拉多大峽谷。

・・・

最初看這部電影的時候，我喜歡得不得了，覺得露易絲和泰瑪的絲巾、墨鏡、口紅、綠色的雷鳥②、被風吹亂的長髮，全都令人心馳神往。

我羨慕那樣的人生——有說走就走的勇氣，有自由不羈的氣質，有人生得意須盡歡，千金散盡還復來的豪情。甚至，有不怕死的魄力！相比起來，我這種被打卡、加班、各種培訓和瑣碎家務以及各種亂七八糟的事務牢牢困在城市裡生活的職

---

② 福特雷鳥（Ford Thunderbird），是福特精神象徵之一的經典跑車。

場人生，簡直枯燥乏味到了極點。

一直到我認識了一個朋友，她是典型的龐克女，裝扮和思想都非常另類。說起來她的年紀也不算小了，一直沒有穩定下來。我所說的穩定，並不是有朝九晚五的工作或者結婚買房什麼的，而是她的生活，似乎沒有任何規劃。說起工作，她一會兒說想去野生動物園做個飼養員，一會兒又說想開個奶茶店；說起生活目標，一會兒說想去趟南極，一會兒說死後要埋在非洲坦干依喀湖旁邊的一棵樹下。總之，這些目標都與當下的生活有點兒遠。

而她當下的生活，就是每天睡到自然醒，醒了呼朋喚友，在夜店裡玩到半夜三更。有時候也拍個微電影，弄個行為藝術什麼的，都是些「沒收穫」的活兒。她的生計來源，除了啃老，就是蹭友。當時的我非常羨慕她，覺得這才是上班族永遠也無法企及的自由人生。

有一天，她突然來找我，開著一輛車，讓我陪她去趟天津。那天是週末，北京到天津只有兩三個小時的車程，天氣晴朗美好，人又閒著，沒有不去的理由。在天津吃了海鮮，買了炸糕，逛了文化街之後，她突然提出，再走得遠一點。

我猶豫不決，她質問我：你的人生一次都沒有任性過嗎？你就想這樣循規蹈矩到進入墳墓那天嗎？聽一聽你內心真正的聲音吧，天馬行空地活一次，地球不會停轉，天也不會塌……。

我腦子一熱，像被灌了迷魂湯一樣，跟著她一路向西，邊走邊玩，用了半個月的時間，竟然一直走到了青海。我們不問世事，只沉浸在任性的快樂裡面，似乎這樣能一直走到天的盡頭。

・・・

這件事帶來的惡劣影響就不多說了，我用了好幾年的時間去彌補，現在提起來都有點臉紅。因為付出的代價太大，我開始無比認真地思索，到底什麼才是真正的自由？

一個最簡單的道理：自由來自於自律。康德說過：「自由不是你想做什麼就能做什麼，而是你不想做什麼就能不做什麼。」當一個人缺乏自律的時候，他做的事情總是受壞習慣和即時誘惑的影響，那麼他永遠都不會有能力去做自己內心深處真正渴望的事情。

說走就走，給自己放個假，也不是不可以，但是最低限度也應該安排好手頭的事情，否則，那不是自由，是放縱。

或許有人會說，你這麼想，代表你老了。可是一位作家說過這樣的話，我覺得極有味道，死之前會老很久。我們的生活不是公路電影，電影只有九十分鐘，一個半小時的幻景幻滅了之後，你還得面對長長的一生。

不靠譜的朋友有很多種，最不靠譜的一種就是，當他們想幹什麼的時候，希望你能拋下一切。這種「毒草」朋友堪稱劇毒，毒性立竿見影，服一帖就會讓你的生活頓時人仰馬翻。

每個人都有權利去按照自己的想法來生活，我們不可能改變別人的三觀，但如果他的不靠譜傳染給了你，對你的生活造成了不良影響，那麼你就需要注意調整與他的距離了。

他可以瘋，但你不能狂。

理性而充滿熱情地活著，做一個自律的人，才能活得更加有尊嚴，有品質，才能獲得更長久的、真正的自由。

延遲滿足，讓你獲得真正想要的生活

我小的時候，我媽經常說我「燒包等不到天亮」[③]，意思是為了得到什麼總抓心撓肝，寢食難安，恨不得東西馬上到手。

我們在生活中會發現有這樣一種人，他們會為了自己的目標，安靜地努力很久，他們不會輕易降低自己的期待，中途也絕不會為了消滅難度或者縮短時間而退而求次，而是不懈地堅持到目標達成，以獲取最大程度的滿足。

這種特質，叫作延遲滿足。延遲滿足是一個心理學概念，指的是為了追求更大的目標，獲得更大的享受而自願延緩目前需要的滿足，暫時克制自己的欲望，放棄

③ 中國北方方言，是指「有點錢總想花」，有炫耀之意。

近在咫尺的誘惑，換句話說就是人們平時常所說的「忍耐」，這是一種獲得長遠利益的能力，與之相對的，叫作「即時滿足」。心理學家透過研究發現，即時滿足與人腦中的情緒中樞關係密切，而延遲滿足則受控於抽象推理能力。因此，延遲滿足往往是一個人心理成熟的表現，也是情商的重要組成部分。

・・・

關於「延遲滿足」，有一個著名的實驗。

二十世紀六十年代，由美國史丹佛大學心理學教授沃爾特・米歇爾設計並實施了這個實驗。研究人員找來幾十名幼稚園的孩子，讓他們每個人單獨待在一個小房間裡，房間裡有一張桌子和一把椅子，桌子上的托盤裡放著孩子們愛吃的棉花糖、曲奇或是巧克力。研究人員告訴他們可以馬上吃掉棉花糖，但是如果等研究人員回來時再吃，就可以再得到一顆棉花糖的獎勵。他們還可以按響桌子上的鈴，研究人員聽到鈴聲後會馬上進入房間。

對孩子們來說，這個實驗頗為煎熬。有的孩子為了躲避誘惑，用手捂住眼睛，不去看棉花糖，還有一些孩子感覺很煩躁，開始做一些小動作——踢桌子，揪自己的頭髮，有的甚至用手去拍打棉花糖。

結果，大多數的孩子堅持不到三分鐘就放棄了。一些孩子甚至沒有按鈴就直接把棉花糖吃掉了，另一些則緊盯著桌上的糖，糾結了一會兒後按響了鈴。只有三分之一的孩子成功延遲了自己對棉花糖的欲望，他們等到研究人員回來兌現了獎勵，差不多堅持了十五分鐘的時間。

這個實驗的最初目的，是為了研究為什麼有的人可以「延遲滿足」，而有的人只能向欲望投降。然而，蜜雪兒教授後來卻有了更進一步的發現，幾年後他發現當年參加實驗的一些孩子的學習成績與他們小時候「延遲滿足」的能力存在某種關聯。當年馬上按鈴的孩子無論是在家裡還是在學校裡，都更容易出現行為上的問題，學習成績也很差；還有他們通常難以抵抗壓力、注意力不集中而且在人際交往中也容易出問題。而那些可以等上十五分鐘再吃糖的孩子在學習成績上比那些馬上吃糖的孩子平均高出一大截。

經過長期的、一系列的大規模實驗表明——那些能夠延遲滿足的孩子自控能力更好，他們能夠在沒有外界監督的情況下適當地控制、調節自己的行為，抑制欲望帶來的衝動，抵制誘惑，堅持不懈地保證目標的實現。

．．．

不要以為只有孩子經受不住糖果的誘惑，在成人世界中控制不住欲望的也大有人在。生活中散發著誘惑的欲望以及勾引你的小糖果比比皆是，比如有人想減肥，在某天逛街的時候路過一家奶茶店，奶茶飄香撩撥味蕾，喝還是不喝呢，算了，先喝一杯，減肥前的最後一杯；本來在年初想好每個月定存一筆錢，年底用來買基金，結果上個月逛商場時遇到一件十分中意的裙子，沒控制住買了下來，既然已經超額了，不如把一雙換季打折的漂亮鞋子也買了吧……欲望太多，總也實現不完，年底想想年初的計畫，再看看分文未剩的帳戶，投資計畫也就只能推到明年了，可是，天知道明年又會有些什麼願望想要實現呢？

寫過一系列心理學著作的博恩．崔西說：「訓練自己在短時間內延遲滿足感，以便在將來獲得更大的回報，這種能力是實現成功的必備條件之一。」如果你不是那種天生就能夠延遲滿足的人，那麼就要依靠後天的積極修煉了。

其實，每當我們想要調整習慣，做出大的積極的改變時，是什麼在阻止著我們？是什麼把你的計畫打亂讓你的動力下降？是什麼使你還沒開始就出局了？答案是，延遲滿足的對手——即時滿足的需求。歸根結底就是我們無法延後自己的滿足感，這是一種缺乏自律和懦弱的表現。想幫助自己延遲滿足感，就要拋棄舊有的一些習慣，舊習慣最後只會給你挫敗感。在日常生活中養成一些新的好習慣，便能實現更多的長期目標，支撐你將滿足感後延。

首先，調整自己的期待很重要。每天電視廣告、時尚雜誌以及其他媒體鋪天蓋地的訊息告訴我們，如果你要達成目標，就一定要速成，類似「三十天學會英語」、「一週減掉十磅」……這就會導致你對結果期待太多了，但事實上，實現起來通常會非常麻煩，要耗費比預期更多的時間和精力。調整你的期待，有利於為你建立起全新的氛圍，而這種有利的環境能夠支撐你繼續前行。

《薄伽梵歌》中說：「你只需行動，不需管那結果為何物；莫讓行動的結果成為你的動力，也不可在你內心中存有任何無為的念頭。」這句話使我們明白，有時我們無法去掌控行動的結果，但是必須去做我們要做的事情，因為那是你想做的事，而不僅僅因為那是你渴望的結果。

在做一件事之前，我們都會因為未來的結果而動力十足。當開始執行的時候，集中精力於手上的工作，不要把才開始的過程就投射到未來的結局。那麼即便一週後你沒有達到目標，也不會洩氣。你也會變得更有耐心、情緒也更加穩定。

持續關注自己的表現和行為，那麼目標很快就會達成。這真的很有效，能幫我們進入到一個更好的狀態，找到執行過程中的樂趣。

如果在這個過程中，內心的衝動要把你帶到錯誤的道路上，比如減肥的你剛剛減下幾公斤，這會兒卻有大口大口吃雞腿喝可樂的衝動；又或者你本該集中精力寫報告，卻忍不住想上網看看……那麼，不如暫停一下。暫停一下，然後靜一會兒。你會發現這股子衝動在什麼都不做的情況下可能幾秒鐘或者幾分鐘後就消散了，然後再去想如何把事情做好以及開始行動。也許沒過多久，你那股衝動又來了，那麼就不要勉強自己，好好想想如何才能避免再次陷入這種衝動，試著找到解決的辦法以便下次再遇到同樣的問題，然後及時回到你的軌道上來，繼續前進。

延遲滿足的訓練如同減肥，控制購物欲，如同打敗拖延症……一樣，不能急功近利。只要開始著手進行了，那麼就等於已經在開始重塑你的生活，最重要的一步已經邁出了！

拖延和高效率之間，只差一個「餘額不足」

有一次我在看一本日本作家的散文集時，他在書裡提到，編輯喜歡向他約稿，他在出版界備受歡迎的一大原因是，他從不拖稿。而其他的作家，往往會在交稿期限的最後一天給編輯打電話，要求延期。

我看了之後，挺吃驚的，日本人不是以嚴謹和勤奮著稱嗎？原來他們也拖稿啊！看來拖稿是個世界性的問題。我把這個感受告訴同事，同事說，不是拖稿是世界性問題，而是拖延症是世界性問題。

我相信存在著這麼一類人，總是由於拖延把自己搞得焦頭爛額，積攢了一堆需要處理但不想立刻著手開始的工作；對著電腦忙了一個上午其實什麼都沒做，不停地瀏覽了一大堆亂七八糟的網頁。整天懊悔和苦惱，為什麼控制不住自己的行為。

有一次我問一個好朋友，制訂一個詳細的計畫會不會有所改善，她說：「呸！我從小學的時候就制訂了無數計畫，要是都執行了我早就考上哈佛了。」

當我們的生活有了目標，就會自覺或不自覺地制訂一個計畫去實現這個目標。然而，在執行計畫中經常會被其他事情所阻礙，比如，想要減肥，結果剛一天就忍不住想吃炸雞，等回過神的時候發現自己已經在吃雞腿了，然後開始內疚自責，內心十分有罪惡感，再也不想控制飲食了，結果體重秤上的數字自然是一點沒變。想要改變一切，卻又總被絆住，最後一事無成。

從小學的時候老師就整天說，好孩子要管得住自己。「管得住自己」，恐怕是天下最難的一個課題！

靠自己來克服拖延症，明顯是不行的。如果一件事情沒有必須完成的時間節點，恐怕拖延症患者們能拖一輩子。

拖拖拉拉，日復一日，年復一年，最後日子就混淆成了一片，每個日子都喪失了自己的名字。有的人就這樣把一生，過成了冗長又失敗的一天。

⋯⋯

麻省理工學院的經濟學家丹．艾瑞利做了一項實驗。

他找來一批大學生，將他們分為A班、B班和C班。要求每個班的同學在三週內完成三篇論文，若過期不交，則視作零分。不過三個班的截止時間不同，A班可以在三週後的最後一天交上所有的三篇論文；B班自行安排每篇論文的上交時間；C班每週末必須交一篇論文。

結果，完成情況最好的是C班，B班的成績次之，A班的學生大都拖到最後幾天才慌慌張張地趕寫三篇論文，成績自然是最差的。

因為每週都有一個「最後期限」，C班沒得選，只能老老實實地完成一週一篇論文的任務，所以成績最好。因為期限是死的，學生們無法拖延，只能逼自己快速完成。

丹．艾瑞利在他的書《怪誕行為學》中說道：每個人都有拖延症的基因，最好的面對方式就是直面自己喜歡拖沓的弱點，然後透過各種手段來讓自己沒有拖沓的餘地，從而逼迫自己做正確的事情。

為手頭的任務限定一個必須完成的時間節點，就是抵禦拖延症最好的手段之一。只有身處退無可退的絕境，拖延症患者們才能心一橫，踏踏實實地完成工作。

比如上面提到的日本作家，每次在寫一本新書之前，都會預訂一張出國旅遊的機票，這是為了逼著自己不得不在旅遊日期前完稿，因為機票已經買了。

我們身邊的那些時間管理達人們之所以幹活那麼快，不是他們比我們意志力更強，而是因為他們懂得對自己狠一點，給自己設置障礙，讓拖延症沒有發作的環境。人都是逼出來的，如果想法子把自己置入不趕緊幹活就死定了的境地，工作效率自然也就提高了。

⋯

任何時間的節點都是歷史長河的小階段，我們自身也只是時間的一部分。

如果一件工作沒有時間限制，人的精神就會鬆懈，覺得什麼時候做都可以，反正時間還足夠，結果一拖就拖到了最後，把自己弄得苦不堪言。

所以為了提高工作效率，我們必須把工作目標拆分成幾個子目標，並且為每個子目標設定時間限制，比如在週末之前要完成什麼工作，並且想辦法設置一種監察機制。在週末之前，浪費的時間就像消費掉的鈔票一樣，一點點變少。最後，一旦意識到「餘額不足」了，就會馬上振奮起來，自動分泌一種「正腎上腺激素」，讓注意力高度集中，從而提升工作的效率。

說到底，拖延症的產生還是因為缺乏自控力，不得不靠外力來控制自己。

美國個人成長權威博恩．崔西在《最高成就》一書中提到了一些控制法則：你對人生的掌控程度越高，你就越快樂；你對人生的掌控程度越低，或是被其他事物或人控制，你越不快樂。由此可見，自控力對人生的意義！就如同我問一個朋友為什麼那麼喜歡開車，他說：「方向盤在自己手裡還是別人手裡，感覺是不一樣的。」提升自控力，能幫助我們戰勝拖延症、驅除無力感、學會時間管理、情緒管理，就像人生的方向盤握在你自己的手裡一樣，一切都由你說了算，你會感覺自己更強大、目標更明確、心情更快樂。

自控力，其本質上就是我們做出選擇的能力，最核心的是需要我們用理智判斷去做重要事情的能力。因此，自控需要個人清楚自己到底需要些什麼，自我的長期目標是什麼，然後透過延遲短期欲望不惜一切代價，去完成自己的長期目標，這就是自控力的根本所在。

所以，如果自我控制能力較弱，不妨嘗試著練習，心理學家認為自我控制和肌肉力量一樣，可以越練越強。

很多時候，自控力的對手就是欲望，馬上就想獲得快樂的及時滿足感，打敗了我們的長線目標。我們越是想消滅掉自己的欲望，不想讓自己去想這個欲望，往往卻適得其反。比如越是讓一個人不要去想「粉紅小象」，他的腦子裡越是會自動浮現粉紅小象的形象。

當有外力強制不讓你想，這個欲望就越是在腦中盤旋，進而產生一種的壓力。而有壓力的時候，往往會讓人的自控能力變得更差。所以不要用一個特別寬泛的目標使自己產生壓力，用小的事情來鍛鍊意志力，比大的目標更有用。比如每天看五頁書；比如堅持準時起床……不管多小的事情，只要堅持每天做，就能提高自控力。而當你在某一方面的自控力得到提高時，你在其他方面也會更加自律。

只要你能管好自己，偶爾的放縱也是可以的。在一個短程的目標達成以後，不妨給自己一點小獎勵。經常自我獎勵有利於提高自控力。這一點就充分運用了心理學中的行為塑造法，激勵自己，是提高自我控制和意志力的有效策略。規定可行的目標，一旦目標達成，就給予獎勵，這會使人產生成就感。獎勵的形式可以多種多樣，但是必須遵守一個原則：只有目標達成，才能給予獎勵。

印度有個古老的故事，一個老人說：「我的兩個肩膀上有兩匹狼。一匹黑色的，很兇惡，總讓我做錯的事，說錯的話；一匹是白色的，總是鼓勵我做最好的自己。」

有人問老人：「哪一匹狼對你的影響大？」

老人回答：「讓我聽從指揮的那匹狼。」

狼肯定是要來的，有一種力量在你心中，你才會選擇聽從那匹正確的狼。所以，一定要認識到，只有在今天改變自己的行為，才會在未來遇見最好的自己，否則，一切都是徒勞，這是我們提升自控能力的關鍵。

再怎麼拚命砸門，它也變不成窗

前幾年，考完駕照後，我找了一個教練陪我練車。一個教練一天只帶兩個學員，上午一個下午一個，我是上午的那個。

為了節約時間，同時也能讓雙方都能多練一會兒，上午的那個練完以後，開車去指定地點接下午練車的學員，然後再由下午的那個學員開車將上午的學員送回家。於是，在這輛車上，我終於見識到了什麼才是真正的「大忙人」。

根據教練介紹，這個姑娘在外商工作，具體職務不詳，我猜測大概是行政或者公關一類的崗位，因為她要處理的事務多而雜。從一上車，她就一手握著方向盤，一手拿著手機打電話。從她接手方向盤到把我送到家，近一個小時的車程裡，她每一分鐘都在打電話。不是指導工作，就是詢問進程，要不就是聯繫客戶。

「小王，年會的流程整理好了嗎，什麼時候能交給我？」

「小李，客戶要求走機場的ＶＩＰ通道，你趕緊安排一下。」

「李部長，合約今天能簽了嗎？」

……

我在後座坐著心驚肉跳的，她一會兒一腳急剎車，一會兒猛打一把方向盤，我這種膽小又惜命的人，每次從車上下來都如獲大赦——我還活著！我特別不明白，您真的就那麼忙嗎？如果真的這麼忙，就先不要練車，什麼時候時間能安排開了再說，像這樣一邊練車，一邊工作，不但車沒練好，工作也處理得三心二意。

後來，我跟一個做心理諮詢師的朋友一起吃飯，對他說起這個事情，外商的高薪真不是那麼好賺的，跟我同車練車的那個姑娘，每天忙得不可開交，練個車都像開電話會議似的。朋友詳細地問了問情形，笑著說，你想過嗎，她可能並沒有那麼忙，只是做出很忙的樣子。

這個我還真沒想過，我知道有裝窮的，有裝富的，沒想過還有裝忙的。而且，還浪費了每小時兩百塊（約八百六十台幣）的練車費，在兩個下了車就各自天涯奔波，可能一輩子再也不見到的陌生人面前裝忙，意義何在呢？

朋友說，正因為是裝，所以在熟人面前很容易穿幫，在對她一無所知的陌生人面前表演，外人特別容易相信她是那種忙於事業的成功人士，就會有意無意地產生一種景仰之情，而這種景仰就是她所需要的。所以說，她在真實的生活中，可能不但不忙，而且很閒，不但不成功，而且很不如意。她利用陌生人的景仰之情填補她心裡的那個缺失的大洞。我問朋友，你們學心理學的心理都那麼陰暗嗎？他說，我只是更瞭解人性而已。

・・・

後來，隨著更多地接觸這一類人，我漸漸地有些相信朋友的話了。我認識一個姑娘，把微信號綁定了好多個手機APP，然後分享到朋友圈。比如，剛剛跑完了多少公里，消耗了多少卡路里；剛剛完成了幾個番茄鐘④，做了什麼什麼工作。她精通時間管理，每天都會做時間記錄，把排得滿滿的計畫表發到朋友圈，我有時候看一眼，就會覺得跟她這種充實的人比起來，我這種虛度光陰的人已經沒啥臉面活在世上了。

有一天，都晚上十一點了，我躺在被窩裡刷最後一遍朋友圈，姑娘的最新朋友圈顯示了出來：「下班後先去運動一小時，然後回公司加班，往返的路上學習英語，加班結束回家，洗個澡又精神滿滿了，接著工作，加油！」

我想說，姑娘，你都不吃飯睡覺的嗎？

我也忙過，真忙起來幹活像牛一樣，一關上電腦恨不得兩眼一閉就睡死過去，哪有時間每隔一個小時就在網上發一遍心靈雞湯啊！

「裝」也是一件很累的事，但就是有人寧可受這份累也要不遺餘力地裝。不論是把自己包裝成忙成陀螺的職場女強人，還是遊走於上流社會的白富美，或者是全身都是正能量的小太陽，都是因為在潛意識裡覺得自己很弱，自己不行，對自己的能力沒有信心。說難聽點兒，我覺得這種「裝」就是一種心理上的自慰。

追求上進是好事，用錯了方法卻會得不償失。就像你再怎麼拚命砸門，它也只是門而已，永遠不可能變成機會之窗。

有個朋友不同意我這個觀點，他說無論你成不成功，也要裝著已經成功了，這

④番茄鐘軟體，是一種可設定於電腦螢幕桌面的計時器，讓我們一邊工作一邊保持二十五分鐘的專注力。

叫「人設」。有了這種人設，才能更好地與外界置換資源，獲得認可，也許就能得到破門而入的機會呢？

我認為，相信自己會成功和偽裝成功絕對不是一碼事。

好萊塢喜劇巨星金·凱瑞有一個故事。一九九〇年，金·凱瑞已經在好萊塢打拚了十年，還是一個默默無聞的小演員。失意的他給自己開了一張一千萬的支票，兌現時間是五年後。然後，透過這張支票，金·凱瑞給自己植入了一個信念：我一定會成功。四年後，他以《摩登大聖》一片一舉成名，成為好萊塢片酬最高的喜劇明星。

相信自己會成功，就是像成功者一樣思考、一樣做事，努力去提升到一個新的格局和視野。

裝作自己很成功，就是每天絞盡腦汁地編故事、造人設，不僅浪費了大好時光，夜深人靜之時，還必然會感到深深的失落，不能為自己增添一點正能量。

我們想要什麼，就全力以赴去追求，不要把簡單的事情複雜化，不要無端地增加那麼多枝枝蔓蔓。魯迅先生曾說過：「面具戴太久，就會長到臉上，再想揭下來，除非傷筋動骨扒皮。」騙的是別人，傷害的卻是自己，真的是得不償失。

只做那些對自己重要的事

我曾經有一段時間，身心壓力很大，心情非常焦灼，即使是躺在床上，大腦裡也像有個小飛輪，嗖嗖地快速旋轉，想著沒完成的工作，想著明天的安排，想著解決不了的難題……越想越焦慮，越焦慮就越睡不著，明明身體已經極度疲乏了，意識卻還非常清醒。沒有什麼比躺在伸手不見五指的漆黑裡，感覺自己的注意力被焦慮一點點地吞噬更糟糕的了。好不容易睡著了，睡得也不安穩，第二天早晨又在極度困倦中掙扎著起床。

雖然身體已經很想休息了，但情緒依然影響著身體，不能完全放鬆下來，疲倦的生理狀態反過來讓情緒更加糟糕，陷入惡性循環的大泥淖。

苦不堪言地過了一段日子以後，我感覺自己的健康出了問題，隔三差五地出現劇烈頭疼。我開始考慮怎麼應對這種狀況，到底是什麼讓我如此緊張，是工作強度還是難度？

盤點了手裡的事，我發現每一樁都不是特別難，也不是特別辛苦，但是堆積在一起就讓人壓力倍增。那幾個月，總想著同時兼顧很多事情，每週要參加兩次培訓班的學習，要準備一個職業資格考試，要上班，要幫朋友寫文案，要裝修新買的房子，總之就是想在年底之前把一切統統搞定。

有一天覺得自己實在太緊張了，索性跑出去打了半天麻將，結果一下午都在輸。因為心不在焉，腦子根本就沒在麻將上，工作也沒幹，玩兒也沒玩兒好，心情更加沮喪。

就這樣，越忙碌越沒有效率，越沒有效率越自責，總想著蠟燭兩頭燒，試圖全面成功的結果是最終全面崩潰。

大多數人難以放鬆下來都是因為這種情況，生活工作兩頭燒，需要兼顧的事太多，顧東難顧西，結果哪件事都沒做好，最後還累得半死。

……

有一個詞現在特別流行，叫作人生贏家。在電視上看到一個女明星參加綜藝節目，主持人說，你有一對可愛的孩子，有帥氣的老公，又新封了影后，可真是實打實的人生贏家啊！

像女明星那樣，愛情、事業、家庭，樣樣都有，人生就像花團錦簇的「大豐收」一樣，什麼都不缺，這就是所謂的人生贏家。

想要當人生贏家，這肯定沒錯，但想要在人生的任何階段兼顧所有，否則就認為自己是人生輸家了，那肯定是錯的。人就是這樣，有時會把自己想像得能力太強，鬍子眉毛一把抓，什麼都不想放。

有一個女作家說，她經常是一邊做家務，一邊就把美妙的小說寫出來了。她說的也許是真的，但也有一種可能，那就是一邊寫小說一邊惦記著廚房裡的湯，最後小說沒寫好，鍋也糊了。

暢銷書作家吳淡如在《時間管理幸福學》中寫道：人生需要懂得取捨，夢想要逐步完成，「五子登科」慢慢來，才不會在達成人生目標的同時也把自己逼瘋了。

最好的狀態是，什麼贏家輸家的，不要胡思亂想，認定一件事情，先做了再說。不要用什麼冠冕堂皇的理由，去追求幻想中的「生活與工作的完美平衡」。

・・・

簡單生活的核心，就是剔除那些可有可無的選擇，把能量聚焦在我們想做的事情上。

「在適當的時間專注地做一件事」這是一種投入生活的態度，這種投入會讓你體驗到生命的能量與熱情。

有一個故事，被很多人引用過：有一個老和尚帶著小和尚在寺中修行。小和尚跟著老和尚修行已經好幾年了，常常聽到大家口中說「禪」這個字，卻不明白究竟什麼是禪。一次，吃飯的時候，小和尚終於忍不住問老和尚：「師父，你們常常說禪，到底什麼是禪啊？」老和尚看了小和尚一眼，什麼話也沒說。到了晚上睡覺的時候，小和尚又忍不住問：「師父，到底什麼是禪啊？」這一次，老和尚輕輕地摸著小和尚的頭，閉著眼睛對小和尚說：「饑來吃飯睏來眠，這就是禪！」

「饑來吃飯睏來眠」，這句話確實禪意十足，每個人都有不同理解，我把它理解為專心一意地活在當下，全情投入地做該做的事，自然而然地去生活。

用莊子的話來說，就是「凝神於心，用志不分」。心上沒那麼多分神的事情，專心地對待自己要做的事兒，做不好才怪！

・・・

同時做很多事情，意味著不停地被干擾，又不得不無休止地解決這些干擾。

因為這種「多工處理」，人們的注意力會被無數的事情分散，對自己手頭的工作一拖再拖。別說一心一意地做事了，就連三心二意都做不到，壓根兒就是十心九意的狀態。

現代社會，「多工處理」還滲透到生活的其他方面，在餐廳吃飯，刷微信朋友圈、吃飯、與同桌的人聊天，這些事都可以同時進行；在地鐵裡乘車，手裡拿著PSP打遊戲，耳朵裡塞著耳機聽音樂，偶爾還接個電話。

這種「多工處理」，缺乏必要的專注與深度思考，因為注意力被持續分散，瓜分成無數碎片，缺乏耐心與意志，結果造成我們工作效率低下，成果馬虎粗糙，紕漏增多。

這不是一個人的問題，幾乎成了這個時代的集體困擾。有人針對這個問題專門研究過解決方案，比如發明了安裝在電腦上的軟體，定時就把網路自動斷掉，還發明了安裝在手機上的軟體，把工作時間分割成一個又一個的二十五分鐘，幫助人們至少維持二十五分鐘的專注力。

這些透過外力強迫自己保持專注的方法，說起來都是治標不治本的，只有自己真正地對一件事情保有持久的興趣，發自內心地投入時間、精力和熱情，才能達到百分百的專注。戲曲界有一句話叫「不瘋魔，不成活」，說得就是這種因專注投入而引發的質變。

著名的職業規劃師古典寫過一本書叫《拆掉思維裡的牆》，書中說：「當你真正完全投入到當下的事情中去時，不管這個事情多麼簡單卑微，你都能感受到無窮的樂趣。任何一個瑜伽教練都會告訴你，即使認真地投入你的呼吸——這個每天你做過無數次的事情——都能感受到無窮的樂趣。」

又有人說，我全身心地投入做每一件事，也能感受到其中的樂趣，為什麼還是一事無成呢？

這是因為能量被分散了，任何一種努力都收效甚微。我們將注意力分散在不同的事情上，那麼分到每件事情上的精力就會被分散和減弱，什麼事也完成不好。專注地做每一件事沒錯，但你不可能做齊你想到的每一件事，如果能將其中的任何一件堅持下去，人生都可能因此而變得不同。

想在一年中學會兩門外語再修一門副專業課程，想在年底把業績做到全公司第一又想同時閱讀完三十本名著，就像狗熊掰玉米一樣，累得半死最後還是兩手空空、樣樣沒勁。

改變「多工處理」的對策當然是去繁從簡。專注不僅僅是把自己釘在椅子上一個又一個的二十五分鐘，還應該是對目標的專一和明確，在自己最熱愛，認為最重要的事情上投入精力。

自然而然地生活，專注地沉下心把一件事做好，這是一種特別強大的力量，能將一個人的潛力發揮到極致。專注會讓生命變得更有質感，並帶來超高的效率。一旦學會專注，你會驚訝於過去糾纏了那麼久時間卻又舉步維艱的窘境，如今運用專注帶來的執行力可以輕鬆解決了，比我們所想的要簡單得多，而收穫和成就感卻很大很大。

CHAPTER 4

／關係／

學會對關係斷捨離，把一些人請出生命裡

餘生只有那麼長，時間很寶貴，
這些有限的時間，
我們要用來遇見更好的人和事。

我太孤獨了，因為朋友太多

刷微信朋友圈，看見很多朋友今天曬自己參加 Party，明天和朋友聚會，後天又組團出去旅遊，有時候會不自覺地羨慕，這樣花團錦簇的生活，每天身邊圍繞著這麼多朋友，他們應該不會有感到孤獨的時候吧？

可是也總有人說，如果想約個飯局，手機裡隨時都能叫出來一群人，但還是會覺得很孤獨；朋友雖多，卻沒有可以聊天的知心人。這樣的人是不是無病呻吟，明明那麼多朋友，卻還在抱怨自己孤單？

心理學家說，現代社會有一種現象，叫作「在一起孤單」。《紅樓夢》裡的林黛玉就是典型的這種情況，富貴的大觀園裡喧囂熱鬧，姐姐妹妹們經常聚在一起作詩、賞花、吃吃喝喝，但是這份熱鬧卻從來不屬於林黛玉，她時時小心，處處謹慎，生怕說錯做錯，很少對人敞開心扉，只能獨自一人在繁華熱鬧中忍受孤獨。

為什麼身邊朋友那麼多，天天聚在一起，卻還會感到孤獨呢？

有些人會覺得身邊朋友的數量雖然多，但都不是自己想要的類型，都跟自己的要求有差距。又或者說，我們可能把陪伴的標準設定得太高，所以會在人群中感到孤獨，這種孤獨不是來自現實環境，而是源自內心認同和歸屬感的缺失。

．．．

近些年，隨著社交軟體的增多，心理學家對個人的孤獨感與社交網路之間的關係，做了認真的研究。結論是，一個人朋友數量的多少，跟是否感到孤獨之間的關聯性很小，也就是說，我們不一定會因為朋友很多就不孤獨了，有時候，朋友越多，反而孤獨感越強。

人類社會學家鄧巴發現，人們能夠維持的穩定社交人數，通常在一百五十人左右，超出這個數字就會引發自身的認知焦慮。我們朋友圈裡的好友人數，或許遠超過這個數字，但這些朋友的聯繫是真正的往來嗎？

在社交軟體的幫助下，人與人之間的聯繫變得越來越容易，真正做到了「天涯若比鄰」，孤獨卻變成了越來越難以解決的問題，人們也越來越受不了獨處，在熱鬧的朋友圈中，孤獨被無限放大，轉而更多地去增強與他人的聯繫，結果反而加深了內心的焦慮，形成了一種惡性循環。

「有人陪」不再是個問題，但找一個懂自己的人陪，似乎變得越來越難了。隨著我們的孤獨感越來越強，再多的朋友，也無法滿足我們對緩解孤獨的渴望，我們開始寧願擁有兩三知己，也不願呼朋喚友，結交一群泛泛之交。

朋友易得，知己難求。就像我和我的朋友航航，很多人都不明白，完全是兩條道上的火車的我倆怎麼就成了閨密。我喜歡長裙她喜歡牛仔褲；我喜歡吃甜她喜歡吃辣；我半輩子留長髮她短髮一萬年不變；我天天賴床她早睡早起……但我們還是成了閨密。

對於我來說，航航是這個世界上能讓我安心的存在。只要有她在，我就不用擔心想說話的時候沒人聽，也不用擔心聲情並茂說了半天是在對牛彈琴。每次鬱悶得活不下去的時候，我就去航航的小窩，趴在她家吧台上喝一杯，航航也趴著，長睫毛在燭光下閃爍。秉燭夜談的福分，也不是人人都能有的。天亮以後，我又可以神清氣爽地背著大包出門去，痛並剽悍著……。

人與人的交往就是這樣，與我們關係比較密切的，都是能夠建立起情感關聯的人。所以我很幸運能擁有航航做我的閨密，如果你身邊也有像航航這樣的朋友，那真的要恭喜了。他們可能不是那種渾身充滿正能量，插個燈泡就能亮的勵志性人物，他們可能也不會激勵你，鼓舞你，給你打氣加油，幫你衝鋒陷陣，但是他們一定會給你一種感覺，當你需要時，他在！無論是你大醉後拎著啤酒瓶子去他的門，還是半夜三更打電話擾他的清夢，他都會默默地陪伴著你，耐心地傾聽，他們不一定能給你提供什麼錦囊妙計。

要知道，我們的舒適感主要來自負面情緒的消失，當我們的心安靜了，情緒平和了，自己就知道該怎麼辦了。

這也是他們在朋友圈中擁有五顆星超高人氣指數的原因。他們似乎也沒有為誰肝腦塗地，但身邊總是會圍著一大群忠實死黨。所謂相交滿天下，知己有幾人？人們看重的是這個「相知」，甚至會超過幫你打架、借錢給你、生病的時候照顧你的恩情……。

這種摯友，就是有意義的人際關係，讓我們不再孤單。與其耗費時間與精力與很多很多人交往，不如給朋友圈做做減法，簡化一下自己的人際關係，用心地經營幾段有品質、有意義的友誼。

．．．

那麼要怎麼才能得到這樣的知心摯友呢？

我覺得我與航航的關係越來越近，得益於一次次傾心長談中的敞開心扉。我們互訴著彼此生活中遇到的困擾，不憚於暴露自己脆弱的一面，當然也會分享成功的快樂。

心理學家發現，友誼中最基礎的因素，源於彼此真誠地自我表露，如果在互動中，雙方坦誠地表露一些關於自己的資訊，我們才會得到一種自己的需求也被滿足的感覺，這種滿足會有效地擊退孤獨感。獲取這種感覺並不是讓人去暴露隱私，分享不該說的秘密，只要每次互動，多瞭解彼此一些就足夠了。

有意義的互動，來自雙方的相互理解。而理解不能強求，是要透過不斷地瞭解和表露去交換達成。所以，就算一個人朋友很多，但彼此間的交往都是蜻蜓點水，大家都只對對方瞭解一點點，雖然整天吃喝玩樂都在一起，並沒有進一步瞭解彼此的生活、愛好、性格特點的話，孤獨感就很容易滋生。反過來說，就算只有一兩個朋友，但彼此間有很深度的理解，對各自的生活瞭解得也比較深入，自然而然地就能建立起一種情感支援系統，有很深的認同和歸屬感，就不太容易感到孤獨。

所以如果我們遭遇到很深很深的孤獨感時，不要再急於去結交新的朋友了。你要明白，孤不孤獨跟朋友多少沒有直接關係，與有沒有發生有意義的互動才有關係。再回頭審視自己，你是怎麼去對待每一次朋友間的溝通，如果對人很高冷，在互動中你反應很遲鈍、乏味，或者總是喋喋不休地跟別人分享自己的情況，不注意傾聽對方的回饋，還是負能量滿滿，總有很多牢騷抱怨，再或者不注重對方的理解能力，總是說一些人家聽不懂的話……所以你會覺得很孤獨。

這種「在一起還孤獨」的問題，只有一種解決辦法，那就是要不斷地提醒自己，善意地去瞭解別人，多問問別人的情況，以及分享自己的事情，減少自己想要隱藏的心態，主動地去創造有意義的互動。想要不孤獨，先要敞開自己的心扉。

認識多少人沒有意義，能號召多少人才有意義

隨著網路、通訊技術越來越發達，比起幾十年前，現在我們有機會認識更多的人。副作用是，越來越多的現代人，在錯綜複雜的人際關係裡，呈現的狀態是，淺層交往成為常態。

對很多人來說，我們在社交場合見過幾面，說了幾句話，留過電話號碼，或者在一個群裡聊過天，就算是認識了。

就有這樣一個姑娘，曾經給我炫耀過一份「牛人通訊錄」，都是一些名字如雷貫耳的大咖的手機號碼。可是沒有真正的交情，就算是有這樣一份通訊錄又能怎麼樣呢，打電話過去，人家不理還是不理。

曾經看一個名人的脫口秀節目，他說他的手機裡存了幾千個號碼，但是大多數

的人，無論怎麼備註，都想不起來對方是誰。

理財暢銷書中有這樣一個觀點：再窮也要站在富人堆裡。並不是說這個觀點不對，多接觸富人，學習富人身上優秀的品質，肯定是有好處的。在這個商業社會裡，即使成不了大富豪，我們至少也應該立志成為一個中產階級，成為一個有恆產者。但是什麼事情都是過猶不及，如果看不到人家身上成功者的特質，只看到人家頭上金光閃閃的光環，不停地刻意「認識」各類牛人，想要劍走偏鋒，蹭名人流量，恐怕並不現實。

有一次，一個朋友給我推薦了一個做美容顧問的姑娘，幫助我進行皮膚護理，實際上就是向我推銷化妝品。這個姑娘的朋友圈更是讓我大開眼界，她每天也是忙得不亦樂乎，忙什麼呢？忙著參加各種高大上的活動。今天去遊輪上參加一個酒會；明天去五星大酒店參加一個派對……在網上曬的，都是與各界名人的合照，再不濟也是名人站在臺上發言的照片。

據她說，這些名人都是她的客戶，她的產品使用者。每次看完她的微信朋友圈我都有點自慚形穢，她每天忙著給這些人服務，都是有錢也捨得花錢的主兒，還看得上從我這兒賺的這點蠅頭小利，三番五次上門讓我試用她的產品，真有點兒受寵若驚了。

巧的是，她朋友圈中的那些名人裡，有一個我也認識，這也再一次驗證了六度分割理論——世界上每兩個人之間只隔著六個人的距離。這個名人早年是一家時尚雜誌的主編，近兩年熱衷於當選秀節目的評委，她皮膚非常好，是個瘋狂的護膚達人。有一次我特意問她，你在用某某牌子的產品嗎？是某某賣給你的？她說，什麼牌子？沒聽說過，某某是誰？

看看，虛假的招數早晚都會穿幫。

．．．

從一個人成長的角度來說，我覺得這種把個人提升的重心，放在發展人脈上的做法，真的是弊大於利。

盲目地拓展人脈、出入各種社交場合、加入各種微信群聊的意義真心不大，其效果微乎其微，頂多就是人家心情好的時候給你點個讚，這樣浪費自己的精力，真不如集中時間和精力讓自己成長更有效。

作家周國平說過：「真正的友誼是不喧囂的。根據我的經驗，真正的好朋友也不像社交健兒那樣頻繁相聚。」人際關係當中，當然每個人都想跟資源更多的那個人交往，建立良好的關係，但是你要捫心自問，人家為什麼要跟你交往呢？你是讓人家敬佩敬仰了？還是你有人家需要的東西？亦或是你言語有趣，面目可喜，人家覺得你這個人還算有意思？

總而言之，你對人家來說，總得有點兒交往的價值吧。假設你有機會跟比爾・蓋茨一起吃飯，如果你身上沒有一點兒讓人感興趣的東西，人家頂多也就是出於禮貌對你點頭微笑，對你又有什麼實惠的好處呢？

所以，決定你有效人脈的不是你交際範圍有多廣袤，而是你自身的實力水準有多高。我曾經在「知乎」上看到這樣一句話：你認識多少人沒有意義，能號召多少人才有意義。這讓我想起《水滸傳》裡的宋江，宋江可真稱得上是一個相識滿天下的人，而且他的人際關係可真是非常牢靠，哪個英雄聽到他的大名都是倒頭便拜，個個都願意為他肝腦塗地。

宋江經營人際關係，眼光並不總是往上看，也經常往下看，他在江湖上號稱「及時雨」，常常拿出真金白銀來為人救急，而這些人大多數都不如他。他的仗義疏財沒有白疏，為他日後當上梁山泊的頭領奠定了堅實的基礎。在這一點上，女生應該向男生多學習，男人做事往往更加實際，目的更明確，這為他們節約了很多成本，少走了很多彎路，就像宋江，他在人際關係上的付出是有回報的。

．．．

由此可見，做一個忙忙碌碌的「交際達人」是多麼無意義，苦心製造的虛假人脈是多麼一文不值。熱衷於那些沒效果的應酬，實際上是在浪費自己的青春。

如果你的朋友圈裡恰巧有這樣一個人，你打算怎麼辦呢？我是這樣做的：

首先，有句網路用語叫「人艱不拆」，我肯定不去拆穿對方，無端招人恨幹嘛呢？就像對那個賣化妝品的姑娘，我肯定不會說「我問過你的某個客戶了，對方說根本沒用過你的護膚品也不認識你」，我只是會微笑著說，「親，不好意思哦，你家產品好像不太適合我的膚質。」這是每個正常成年人都該有的情商。

其次，冷處理，把她晾在那，這樣的人，基本可以無視。你有時間演，我沒時間看。

希望我們每個人，都不要把自己置於這樣尷尬的境地，把寶貴的時間和精力，投入到真正值得的事情上去。

人際關係的真諦，便是你確實有值得別人與你交往的價值，如果沒有，或者是你的價值跟人家的嚴重不等值，那麼我勸你死了跟這人保持緊密聯繫的心。與其把時間花在「認識很多牛人」這種無聊之舉上，還不如花時間來考慮如何把自己變成牛人。

線下一個好友，勝過線上一百個「點讚之交」

有一天，閨密急急忙忙地給我打了個電話，向我宣布愛上了她的健身教練。當時她在練什麼「身心平衡」，就是把身體扭來扭去，做一些在我看來是不可思議的動作。

在健身會所裡，學員與教練相戀的事情根本就不新鮮。

我問我這個相親無數，眼高於頂，患有輕微潔癖，從來都不擠地鐵，在電梯間裡也要注意不與陌生人衣衫相觸的閨密：「你為什麼會愛上他？」

她嬉皮笑臉地說，當他用手托住我的腰的那一刻，抬頭看著他的眼睛，我怦然心動，也許這就是緣分吧！

人們喜歡把這種事稱為「緣分」，認為它可遇不可求，可這不是什麼理性的態度。對於深諳心理學的人來說，緣分是可以ＤＩＹ的。愛情也許並不是一個單翼的天使尋找另一個，也不像速配節目裡那樣成為一場外貌、錢財和才藝的ＰＫ。有時候，兩個人走到一起只是因為距離比較近，物理距離左右了我們的心理距離。因為相近，所以相愛。

我的閨密沒有想過，她之所以會飛快地愛上這個健身教練，有兩個前提條件是很致命的：一個是狹小空間裡的單獨相處；另一個是頻繁的身體接觸。同樣地，這也是健身房成為豔遇高產地的兩大主要原因。

人類的大部分需求，都可以自己獨力解決，但是皮膚的需求無法自給自足，正如只有別人的輕撫才會癢癢——上帝的這一設計意圖，就是要讓人們相互需要。彎曲雙臂抱著自己的肩膀，只會感覺更加孤單，只有別人的懷抱才能帶來撫慰。

美學大師蔣勳在「身體美學」的講座中，用「荒涼」這個詞來形容沒有擁抱的身體。

當教練溫熱的手掌扶在她因為穿著半身瑜伽服而裸露在空氣中的纖腰上時，皮膚與皮膚直接相觸，對方的溫度直接傳遞到她的身體上，荒涼了太久的身體被感動了，心也隨之感動了。

確實，還有比什麼比手心的溫度更能撫慰心靈，治癒情殤的呢？

……

在遠古時代，身體間的觸摸是一種通用的交流語言，那時候的人沒有太多的話，更多的是肢體上的接觸與交流，沒有什麼比身體更加能夠表明個人的心意。後來隨著人類社會的文明程度越來越高，人們的心理安全領地逐漸擴大，人類之間的親密肢體接觸也越來越少，即使是父母妻兒、兄弟姐妹也不例外。

前幾天，我在作家馮唐的公眾號裡看到一篇文章，他說他在新小說的發布會上，問到場的五百個俊男靚女，在過去的一週，有誰用自己大面積的皮膚接觸過另外一個人類，同性和異性都算。五百個人裡只有五個人舉手。他再問，在過去的一週，有誰用自己大面積的皮膚接觸過植物或者動物，這次只有兩個人舉手。

即使心理學家們言之鑿鑿地一再強調親密接觸和物理距離在人際關係中的重要性，現代人表達友情的媒介還是越來越被其他東西取代，比如手機、電腦、iPad，等等。這些基於網路的電子產品，使人們無須見面就能完成溝通。即使在見面的時候，很多人也無法克制對電子產品的依賴，堵一個小時的車穿過半個城市去參加一個婚禮，賓客滿座卻在開席之前集體低頭擺弄自己的手機。至於寧可一個晚上都在摸iPad，也不願意去摸摸身邊人的情況，就更常見了。

馮唐說，皮膚是人體最大的器官，肉身是上天給我們的最直接、最豐富的喜樂來源。

很多時候，道理與語言都蒼白得像無人的雪原，敵不過一個深深的擁抱。我們的雙手、身體本身就具有療癒性，每一次的撫摸或擁抱，其實都是兩顆心在能量層面的連接，都反映了我們在潛意識中怎樣看待這段關係，這個人在我們的生命中到底占據多重的份量。

有時候，身體的觸摸遠勝於「我愛你」這樣的字句！

・・・

我們不能說身體的親密接觸就一定能建立起某種關係，也不能說物理距離能夠決定心理距離，但是心理距離常常被物理距離所牽制，這是毋庸置疑的。比如，幾乎每個人心裡都有一個「同桌的你」或「睡在你上鋪的兄弟」，而在一個教室裡同樣生活好幾年的另一個哪怕只相隔幾排的同學，多年以後在畢業照上看到，你未必還記得他們的名字。人們和自己附近的人成為朋友、戀人的概率比遠距離的人的確大很多。想一想，有多少人是因為相近而成為好友，又有多少朋友因為空間距離的拉大而逐漸疏遠？這也是異地戀成功率不高的主要原因之一。

從出生的那一刻起，所有的哺乳動物就有被觸摸的需求。親密接觸的重要性，將影響生命的整個發展過程。

如果一個人從小就缺乏撫養者的親吻、撫摸和擁抱，極容易形成封閉的內向性格，缺乏安全感，甚至會難以與外部世界建立連接，在接納與表達愛方面也會有困難，這也會影響成年後的婚姻關係。但是他們內心又會有一種潛在的深刻的對被愛、被關心、被撫慰的渴求，有些人一直到成年都會抱著被子、枕頭或者毛絨玩具睡覺。

即使是感情不太外露的英國人，諺語中也有「每天需要三個擁抱才能活下去，還要另外三個擁抱才能容光煥發」的說法。美國科學家更是認為身體接觸有神奇的作用，他們發現，按摩、擁抱、牽手等肢體接觸不但能使人心情好，還有助於養護心臟、降低血壓、緩解疼痛，從而有益於健康。

看來在這方面，我們人類沒有自己想像得那麼強大，名牌時裝下面依然包裹著一顆渴望撫慰的靈魂，靠電子設備維持的社交，會讓我們的身心很受傷很受傷……別那麼吝惜自己手心的溫度，與其每天忙著給很多人點讚，忙著隻言片語的評論和回覆，不如著力發展「少而深」的深度人際關係，線下的一個可以在深夜促膝長談的知心好友，勝過線上的一百個點讚之交。

多見見朋友，別讓你們的距離總是隔著液晶螢幕，在他們需要的時候握住他們的手，把肩膀借給他們用用。多抱抱愛人、家人，慢慢地你會發現這是一件既利人又利己的事情。

碎了一地的玻璃心，扎傷的卻是自己的腳心

一天半夜，睡得正香，一位女性朋友的電話將我從夢中叫醒，說她焦慮得睡不著，因為第二天要考駕照的路考。為了駕照這種考試而緊張得睡不著，我覺得有點沒必要，迷迷糊糊地勸她：「考不過就補考嘛，有什麼大不了的，我考了三次呢。」

她執拗地說：「我就想一次考過，不想補考，我明天必須通過考試。」

我說：「考試是一種篩選，只有兩種結果，『考過』和『考不過』，你要求必須通過，這是一種不合理、太絕對的要求，你明知道這是不可能的，還抱著這個信念不撒手，所以才會焦慮。」

女友說：「關鍵在於我的教練特別重視我，他說我在幾個學員裡學得是最好

的，肯定能一次考過，我擔心明天考不過，讓他失望，怎麼辦怎麼辦，我明天必須考過……」然後她哼哼唧唧地假裝哭了起來。

我明白了，她陷入這種情緒困擾中，不是因為擔心考試，而是擔心駕訓班教練對她的看法。第二天我打電話問她考試結果，她說一上車就狀況百出，先是把「請求起動」說成「請求起飛」，又忘了繫安全帶，結果被趕下車。在這種極度緊張的情緒中，發揮失常倒是正常的。讓我詫異的並不是這個，而是她做出的決定，她覺得無法面對教練，決定放棄這次考試，這輩子都不考駕照了！她這個決定在一般人看來簡直就是精神病患者才會做的，當然她自己不這麼認為。

過了段時間，一個週末，我倆約一起逛街，不巧的是她被臨時通知要加半天班，我就到她公司樓下的咖啡館裡等她。午飯時候，她出來了，面若冰霜，小臉板得跟僵屍似的。

我問：「怎麼了？」

她憤憤地說：「今天老闆辦公室的飲水機壞了，到我們辦公室倒水，剛好我在加班，他連看都沒看我一眼，倒了水就走了。」

我有點沒聽懂：「不然呢？」

她說：「起碼他應該到我桌子前站一站，說兩句話，我辛辛苦苦加班還不是為他賺錢！前段時間他還發微信說一向很重視我，就是這麼重視的，視我如空氣？」

我把蛋糕盤子推到她手邊，勸她消消氣，吃點好吃的就開心了，她一把推開，氣呼呼地說：「不吃，胃疼！」

因為沒有被多看一眼而氣得胃疼，這樣的人，在社會裡並不少見。把自我認同感很大一部分寄託在他人身上，自己的快樂和不快樂、高興和不高興總是源於別人對自己的看法，這種心態最大的惡果就是，做不了自己情緒的主人。我的悲喜本應由我自己作主，如果讓別人主宰了自己的悲喜，就如同一個風箏，因別人手裡的繩索而升降起落，直到精疲力盡。

．．．

其實，沒有人能夠左右你的情緒，除了你自己。林黛玉對花傷心，對月傷懷，花和月本身不能使人抑鬱，如果你抑鬱，那是因為你自己的反應。我們常說「你真傷我的心」，其實更確切的表達應該是：「我傷了我自己的心，因為我是根據你的態度來看待自己的。」

老闆沒有過來與伏案工作的你寒暄，可能是害怕打擾你工作，也可能是他手頭有事情，辦公室裡有客人在等他，也可能是他今天心情不好，完全不想多說話……如果非要理解成他不重視你，甚至是輕視你，明眼人都能看得出，其實是你自己的心態有問題。

別人無意的一個舉動，你的玻璃心，就碎成了玻璃渣。這樣的人看上去自尊心很強，自我意識很強，實際上並沒有多少的自我存在，因為她的自我完全取決於「他人的視線」。由於缺乏肯定自己的信心，內心深處有自卑感，才會一直試圖確認自我的價值，時時、事事渴望別人的認可，愛情如是，事業如是，生活亦如是，在對方的標準裡做不到最好的時候，就會質疑自己的價值，進而產生內心的痛苦。

在人際關係中，這樣的人往往更加趨向於取悅別人，而忽略自己的感受，甚至不惜委屈自己。

別人一個讚許的眼神就能讓她竊喜，別人一句負面的評價就會讓她情緒低落，一顆心整天像坐在蹺蹺板上一樣上來下去，完全失去平衡，活得累不累？

・・・

一顆過於脆弱的「玻璃心」，如果不能被及時剔除，對生活的影響還是挺大的。總會有這樣一些人，覺得自己活得很認真、很用力，夠努力、夠上進，也用心地去經營人際關係，甚至活得有點小心翼翼，但是人際關係卻並不太好，自我滿意度也不高，總是不開心，有時甚至會鬼使神差地做一些違心的事情，感覺就像是無謂的犧牲，得不償失，心裡委屈得不行，又沒人去理解他的心情。

其實，「玻璃心」最大的問題，那就是缺乏自信，需要在別人身上獲得自我認同感，做不到在平衡的人際關係中先取悅自己再取悅別人。

有首詩是這樣寫的：「做天難做四月天，蠶要溫和麥要寒。賣菜哥哥要落雨，採桑娘子要晴幹。」

每個人都有自己不同的需求，每個人都有自己看問題的角度，再怎麼八面玲瓏的人，也不可能在人際關係中做到可以令每個人都滿意。所以，越是刻意地去取悅別人，越是在意別人的觀感，越會對自己沒有信心；越在意別人怎麼想，越容易使自己的缺點變成心理負擔。

每天面對著十目所視、十手所指的壓力，總覺得別人時時刻刻都在注意自己的短處或疏失，這會使一個人變得裹足不前，失去積極主動的熱情和活力，失去伸展自我的機會。更嚴重的是，過分在意別人的評價，不僅可能會為了求得別人的認可而做出錯誤的決定，也會在別人的口誅筆伐中潰不成軍。

所以，與其整天想著別人眼中的自己是什麼樣的，不如花點功夫去關注自己的內心，多一點自我肯定，讓自己變成自己希望的樣子。

上一節提到的那個「因為沒有被老闆多看一眼而氣到胃痛」的朋友，聽到「自我肯定」這個詞後，非常困惑地說：「你的意思就是說，要給自己樹立一個信念，別人愛怎麼想就怎麼想，我就這樣！這不是厚臉皮嗎？」

自我肯定並不等於自我放棄，也不是目空一切的自戀。人貴有自知之明，說起自知之明，大家似乎都更傾向於這樣理解：能掂量出自己有幾斤幾兩，不狂妄自大。我覺得，自知之明就是了解自己，既清楚自己的優勢，也接納自己的缺點。只有這樣，才能在人際交往中進退有度，既不會讓別人的看法輕易影響到自己，也不會成為聽不進他人建言的「厚臉皮」。

作家林清玄說：「小丑由於認識自我，不畏人笑，故能悲喜自如；成功者由於回歸自我，可以不怕受傷，反敗為勝；禪師由於反觀自我如空明之鏡，可以不染煙塵，直觀世界。認識、回歸、反觀自我都是通過自己做主人的方法。」

「通過自己做主人」，乃人生大自在的境界，也是人際關係中最舒服的模式。如果你是黃金，不管別人怎麼看，你的成分都是真金。瞭解自己，悅納自己，才能在人際交往中做出正確的反應和判斷，並獲得內心的自由。

共同成長的朋友，才能天長地久

大芳和小穎是大學同學，兩人在學校的時候關係就不錯，畢了業又一起到北京打拚，合租了一個小房子，進了同一家雜誌社，不說是相依為命吧，至少是同甘共苦，兩個無依無靠的女孩在北京這個大城市裡互相幫助，抱團取暖。

有一年新年跨年夜，大芳和小穎爬上樓頂，看著滿天的煙花，許下新年願望。在節日的歡慶氣氛裡，兩個女孩歡呼雀躍地喊著：我們要成為有——錢——人。

理想是豐滿的，現實是骨感的，年假以後，她們供職的雜誌社因為經營不善面臨停刊。雜誌社有兩條路可走：解散或者改制。在紙媒愈來愈難做的趨勢下，很多人不願意再堅守這個行業，大家一擁而散，各謀出路了。誰也沒想到，在這種時候，大芳竟然做出一個出人意料的決定，她憑藉內部員工的優惠政策，把雜誌的部分項目和廣告業務代理了下來，同時做自媒體，線上線下同時發展業務。

大芳想動員小穎一起幹，思量再三，小穎還是決定跳槽，找一份穩定的工作。接下來的一年裡，她們各自走上了不同的路，小穎朝九晚五，大芳開始創業，再後來她們都遇到了自己的意中人，結了婚，相繼搬出了合租的房子。

兩個好朋友從此分別住在了這個城市的兩端，忙起來半年也見不了一面，只能打電話說說各自的情況。

大芳的事業起起落落，有時略有起色，有時又跌入低谷，一直在辛苦堅持著。小穎貸款買了房，過著緊巴巴的房奴生活，兩個人常常在電話裡唏噓感嘆，抱怨「長安米貴，白居不易」，互相鼓舞加油。

日子一天天過去，小穎懷孕，當媽後一心盡在孩子身上。大芳也突然有了好運，找到了一個非常靠譜的合夥人，接連不斷地開發了幾個大客戶，公司賺了錢，逐漸有了規模。她自己都有點兒沒反應過來，就挖到了人生的第一桶金。

小穎應邀參觀大芳的新居時，簡直不敢相信自己的眼睛。大芳買下了近二百平米（約六十坪）的樓中樓，樓上樓下裝飾一新，是她那間狹小逼仄的居室完全不能比的。

小穎突然覺得跟不上好朋友的節奏了，她不明白，同住在出租屋裡，敷著十塊錢的面膜，吃著糖炒栗子，躺在床上暢想未來的兩個窮丫頭，怎麼有一個突然就變成有錢人了呢？住著樓中樓，開著奧迪車，手指上的大鑽戒在她眼前晃呀晃。大芳再次誠懇地邀請她加盟，放開手腳一起大幹一場，她還是婉言謝絕了。她看不慣大芳那副暴發戶的嘴臉，找了個藉口，匆匆告辭。

晚上，小穎躺在床上輾轉反側，失眠了。她記得幾年前她和大芳一起對著夜空大喊，要成為有錢人，如今人家真的成為有錢人了，她還在原地踏步。小穎的眼淚簌簌地落下來，起身找到手機，把大芳拉進黑名單。都不是一個階層了，還自欺欺人地做什麼朋友？

・・・

人都特別喜歡跟身邊的人比，為什麼？因為身邊的人往往境況都差不多。去跟李嘉誠比，跟比爾・蓋茨比？你搆不著！

所以，我們不喜歡身邊的朋友比我們好太多，因為那樣會讓自己顯得很無能。

我很喜歡的復旦名師陳果教授，有一次講課時說了與自己的好友發生的事：「有段時間我過得挺得意的，卻發現她不那麼快樂，這讓我很吃驚。然後有一次跟她赤誠相對，促膝長談。我說，我過得好，你好像不那麼開心，對嗎？她說不不不，我希望你過得好。」

「後來她說，但我希望你不要過得比我好。那一刻，我覺得她特別可愛，真實是很可愛的。『我希望你過得好，但是我希望你過得不要比我好。』這一層就註定我們不可能是知己好友，如果你跟你的朋友現在的關係是這樣的話，那你們就不是知己好友，因為你還有一份私心在。」

陳果老師說的這種沒有私心的知己好友，真的是友情中很難達到的境界。人都會有私心，我們要接納這人性中的一部分。如果有一天，我們能真心地為朋友比自己過得還好而感到高興，那才說明你真的是成長了，成熟了，也更優秀了！

・・・

很多談人際關係的勵志書中都有一個這樣的觀點，一個人的人脈決定了錢脈，要想變得越來越優秀，越來越有錢就要多跟有能力的人、有錢的人交往。還有些人有另一個觀點，一個人的收入決定了他的朋友圈，並列出了一個公式，一個人的收入大概是他身邊五個朋友收入的平均數。

姑且不去探討這兩種觀點哪種更有道理，我們來看一下現實，在生活中，確實有很多這樣的人，寧可不優秀，不成長，不學習，也不願意跟比自己強的人交往。尤其是原本差不多的舊交，突然拉大了差距，冷落朋友，轉身先走的，大都是落後的那個。

人家在商場的專櫃流連，你卻還在地攤上掃貨；人家用天價面霜，你還在「大寶天天見」[①]；人家拎著名牌限量版的包包，你頂多買個淘寶爆款；人家的孩子上雙語幼兒園，你的孩子上街道幼兒園[②]……跟這樣的朋友交往，是有受刺激的愛好？還是甘心情願地當個鮮花旁邊的綠葉，映襯出人家光鮮亮麗的生活？拉倒吧，惹不起我還躲不起嗎？

---

① 中國國民護膚品牌中的廣告台詞。
② 這裡的「街道」是在中國較大城市裡的一種行政分區。街道幼兒園是指由街道辦事處所興辦的幼兒園。

「氣人有，笑人無」是人性的弱點之一，在有些人的身上呈現得尤為明顯。在他們的友誼中，「相同感」是一個重要基礎，最好的朋友，生活境況一定是要跟自己差不多的，否則就別往一塊兒湊。「拉黑」比自己過得好的故人，絕對不是一兩個人的偶然之舉。還美其名曰：「如果我不能過得比你好，至少也要裝得比你酷。」

豈不知，這種做法，往往是人生最大的沉沒成本③。因為自卑或者嫉妒，遮住了比自己厲害的朋友，往往會讓自己失去了一個很好的視角，去觀望那些曾經與自己起點相同、條件相同的朋友的生活。如果我們覺得他們很成功，正好可以思索一下，我的人生還有什麼可能？我可不可以參考一下他們的路徑，把自己的人生也優化一下？讓自己的事業之路再進一步？

在美國的心理學家看來，中國人有一種「羞恥文化」，這與美國人的人生觀截然相反。如果一個中國人和一個美國人都做了錯事，中國人會傾向於否定自己，啟動一種心理防禦機制，要透過「與人比慘」來安慰自己，而美國人並不會去否認自己，反而會去挖掘自己究竟為什麼做得不夠好，從而反思學習，找到改變的方法。

所以，優秀的老朋友，是生活中彌足珍貴的人生樣本。為了一點可憐的自尊心，放棄了這樣一個學習和參考的好物件，豈不是太可惜了嗎？

人生道路上，我們和朋友不可能永遠都在一個水平線上。如果你是領先一步的那個，我們應該向那些願意和我們一起走下去的朋友敞開歡迎的大門。如果我們是落後一步的那個，一方面，要努力工作，不斷提升自己的競爭力；另一方面，還要有平和的心態，安於自己的生活，不必事事都拿最高、最好的來做比較，不能讓錢包的重量左右自己的幸福，在自己能力的範圍內，儘量提高生活品質，偶爾放低標準，心態好了，日子也就舒服了。

③經濟學名詞，是指已經付出，但無法回收的成本。

擊中你的流言，正好可以修補你的缺陷

我看過一部電視劇，其中有這樣一個情節，銷售部的女性總監和女性業績冠軍一直明爭暗鬥，同時公司的CEO也在追求業績冠軍。這時業績冠軍懷孕了，總監知道了這件事，馬上便在公司宣揚開來。全公司的八卦細胞立刻蓬勃生長，流言蜚語滿天飛，所有的員工甚至就連清潔工都在下注，賭業績冠軍肚子裡孩子的父親是她的前夫還是現任CEO男友。

爸爸是誰，成了全公司關注的焦點。如果沒有一點強韌的神經，還真經不住這種惡毒。

為什麼人們那麼喜歡製造流言蜚語呢？人家孩子的父親是誰，跟你們有什麼關係嗎？

以前聽過一個講座，說人類的語言能力為什麼會那麼發達，如果僅僅是為了日常交流的話，完全不必裝配功能這麼強大的語言能力的，如此複雜的語言系統，就是為了——製、造、謠、言！

好吧，我承認這一結論令我發呆了很久。

據說，人類在原始社會的時候，就學會製造謠言了。男人們出去狩獵，女人們採摘完果子，就坐在山洞門口編造別人的故事。這種習慣一直延續至今，在人類社會的輿論功能中占據了一大塊，在某些偏遠山村，至今還有規範人們行為的作用。流言甚至成了我們文化的一部分，成了我們對社交圈子裡正在發生的情況有所瞭解的重要資訊來源之一。

在現今這個自由而開放的社會，流言蜚語的殺傷力在於，它並不一定會摧毀我們的生活，畢竟這不是那個「人言可畏」而逼死阮玲玉的時代了，但是它卻會讓你心裡感到很難受，心情糟糕，甚至會影響你的判斷力和執行力。

不厚道地說，那些謠言製造機們，把別人毒舌成什麼樣，自己大抵也就是什麼樣的人。如果她們堅定地認為一個美少婦和一個帥哥獨處一室必有姦情，那麼一旦有合適的條件和土壤，她們自己也必定成為牆外一枝招展的紅杏。

如果一個人污蔑別人的升職是靠身體上位，她大概做夢都想當老闆娘；如果一個人譏笑別人好吃懶做，能過上好日子只因為有個好爸爸，那麼他肯定暗恨自己不是個富二代……。

雖然每個人都不希望成為流言的對象，但並不是所有的流言都能影響到我們，有時候一句看似無關緊要的話，卻會精準地觸到我們敏感的神經，而有些貌似很重要的事情，反而被我們一笑置之。對於流言，是氣得咬牙切齒還是雲淡風輕，取決於你究竟是如何看待自己的。歸根結底，這些只跟自己有關。人們毒舌、製造流言的時候，只和他們自己有關；而我們的反應和感受，也只和我們自己有關。面對流言，當我們有過於激動的情緒反應時，應該問問自己：我為什麼會被戳到痛點？我在這件事情上，究竟是怎樣看待自己的？

也就是說，流言能對生活產生多大的破壞性，其實取決於我們自己——聽上去是不是有點兒不明就裡？但事實就是這樣的。被流言攻擊其實是一個契機，可以讓你有機會盤點自己的過往，審視自己的內心。處理好了，反而是人生的一次進步，讓你變得更為成熟和完美，這就叫抗住流言一小句，人生成長一大步。一旦處理得不好，就可能會放大自己性格中的弱點，令你做出消極的反應，給人生減分。

電影《西西里的美麗傳說》就是這方面的一個反面教材，絕色美女瑪蓮娜被推到了流言的風口浪尖上，那些鋪天蓋地的流言帶給她致命的打擊，使她放棄自己，一步步走向墮落，令自己的處境越來越艱難，最後被逼出了小鎮。

⋯

面對流言，首先得有一個淡定的心態，不用煩惱，更不要生氣。要知道，具有被毒舌的價值，說明你在人群中是有存在感，被「抬舉」為議論的中心。在不急不惱的基礎上，我們還是要自省一下，是不是自己的行為有不當之處，或者能力上有什麼欠缺，還是在人際關係上有什麼漏洞，給了流言可乘之機。比如，有人說你和老闆關係曖昧，反省一下平時是不是有失檢點或者神經太大條了，如果自信夠正派，就讓那些嚼舌根的人一邊待著去，不值得為他們浪費腦細胞；如果有人說你是馬屁精，更簡單，做出點兒漂亮的成績，證明拍不拍馬屁你都是那根不能缺少的蘿蔔，有本事占一個大坑，別人乾著急也沒有用。

不管別人怎麼說，你自己的底氣要足，只要自己能肯定自己，就不需要從他人對自己的評價上獲得肯定。別人的嘴你管不住，別人的想法你也沒有辦法控制，整天想著別人對自己的看法只會長皺紋，對生活沒有任何好處。

當然，有時候我們為流言蜚語苦惱是由於其他方面的客觀原因，比如擔心這些話傳到上司耳朵裡可能會影響到自己的前（錢）途，這時候與其說是擔心流言，不如說是擔心前（錢）途，那麼只要把流言蜚語當成工作中的一個問題來解決就可以了——就像專案做得不順利了，需要找解決方案，同事流言蜚語和客戶吹毛求疵一樣，都是工作中可能出現的一個狀況，只要就事論事，針對具體情況，考慮怎麼解決就好了，不需要夾雜太多個人感情在裡面。

流言的本質就是別人將他們帶著自己認知、幻想、情緒的偏見投射到你的身上，如果我們能從他人的毒舌中傷裡，看到自己的不足，看清自己如何看待自己，那麼從流言蜚語中走一遭，不但不會沾上他人的口水，還能適時修補自己的缺陷。當流言製造機們發現流言無法中傷你，反而讓你越來越好的時候，就是流言和你絕緣的時候。

高情商，不過是將心比心

可能每個人都有這樣的時刻，覺得生活中有那麼一兩個朋友總是惹你不開心，智商非常低，情商簡直就是負數，用通俗的話說就是少根筋，作為朋友，他的功能就是讓你煩悶。我認識的一個姑娘，都快被她雙商低④的朋友氣瘋了。她好多次都憤怒地說：「我覺得我下星期必須砍了她！」

也可能每個人都有過這種時刻：翻遍了通訊錄，卻不知道該打給誰。就那麼坐著，不知不覺時間已經過去了幾個鐘頭。覺得難過，卻懶得說。覺得說了也白說，沒人能理解這種感受。而且，真正的痛是說不出來的。你還可能會遇到這種時刻：

④ 形容人智商低，情商也低。

朋友萬分難過，你卻無能無力。說點好聽的安慰他，他卻充耳不聞；說點難聽的刺激他，他麻木不仁；一聲吆喝再給他一個耳光，令他醍醐灌頂？他迷迷怔怔地瞪著眼睛無辜地看著你。於是，你陷入煩躁的抓狂之中……。

我在一本書上看過這樣一個故事：有一個小男孩，有一天回家很晚，媽媽問他幹什麼去了，他說去安慰隔壁家剛剛失去老奶奶的老爺爺。媽媽很驚訝，覺得老爺爺的痛苦太沉重，即使是一個大人也不知該如何安慰，就問他，你是怎麼安慰老爺爺的？小男孩說：「我騎車路過老爺爺家，看見老爺爺一個人坐在院子裡哭，我就把車子放在一邊，爬上他的膝蓋，跟他一起哭。」

這個小男孩是個天生的治癒達人。他做的，是特別天然的「同理心」，我明白你的難過，而不指手畫腳；我陪你哭，而不急於讓你變成我所期望的樣子。

……

從心理學的角度說，擁有這種特質的人，是幫助他人釋放情緒的專家。他們就像一塊能吸收負面情緒的大海綿，隨便你怎麼吐槽、宣洩，最後都能從他們那裡得到安撫，抽抽噎噎地去睡個舒服覺。

電視劇《深夜食堂》裡小林薰飾演的小店老闆，就是這樣的治癒星人。一間通宵不打烊的小飯館，一個號稱什麼飯都會做的老闆，吸引了很多失意的人深夜來到這裡，老闆話不多，偶爾說幾句，往往能起到四兩撥千斤的作用，或者什麼都不說，只贈送一碗免費的熱湯，默默地陪著客人喝完。客人們都覺得，他能懂他們。

心理學家佛洛伊德將人格結構劃分為三個層次：本我、自我、超我。

「本我」是一個被寵壞的孩子，不能忍受挫折，沒有任何顧忌，想要什麼立刻就要得到，追求快樂回避痛苦；「超我」就像個嚴厲的家長一樣，總是要管著「本我」，通常會與「本我」對著幹，它追求完美，有一大堆這樣那樣的理想，這樣那樣的價值觀，我們每每感受情緒的時候——比如因為失戀而難過，因為挫敗而消沉，因為壓力而焦慮，因為恐懼而逃避等等，「超我」便會跳出來振振有詞：你這樣想是不對的，你那樣做是沒出息的，你應該怎麼怎麼樣，不該怎麼怎麼樣。於是我們的罪惡感油然而生，給自己或者別人強加了一條罪名——你不該頹廢這麼久，你必須趕快好起來！

每當「本我」與「超我」打架的時候，人就會由於內心的衝突而顯得格外偏執，由於偏執而痛苦。這時候就需要「自我」跑出來協調，如果「自我」這個工作完成得好，人的心裡就舒服了，痛快了。

要想平息內心拔河一樣的戰爭，「自我」的第一個任務就是要接納自己、認可自己的情緒。這是一件說起來容易做起來難的事情。甚至有的人一生都無法真正地接納和認可自己。

回到我們的主題，當我們自己無論如何都無法幫助自己達到內心的和諧時，可能就需要外力的協助。而高情商朋友，無疑是個好人選。

為什麼這樣說呢？舉個例子。假如某人因為失戀而難過，找朋友傾訴。

如果朋友說：算了，別難受了，好好睡一覺，明天就好了…… 那麼，他不是什麼治癒星人。

如果朋友說：兩條腿的蛤蟆不好找，兩條腿的人到處都是，大不了重打鑼鼓重開張，明天就給你介紹一個……那麼，他也不是治癒星人。

如果朋友說：瞧你這點兒出息，誰還沒失過戀啊……他更不是治癒星人。

我們特別願意給朋友打雞血⑤，真心地希望他們從難受的狀態中儘快解脫出來，其實這就像大禹的父親鯀一樣，用「水來土擋」的方法去治水，註定是要失敗的。當朋友的情緒需要宣洩的時候，「打雞血」式的開導，等於把你的意見強加於他，反而會把他的情緒弄得更不暢快。每個人都希望當自己脆弱無助的時候，身邊有一個「小男孩」，默默地陪在身邊。比起盲目的樂觀鼓勵，我們更需要身邊的人來認可我們的情緒，承認我們的處境，關注我們的內心苦痛。安慰一個哭泣的人，最好的方式不是說「不要哭」，而是說「你一定很難過吧，想哭就哭吧」，這就是「同理」。人類最高級別的安慰，就是理解別人的痛苦。

・・・

著名心理學家嶽曉東在《登天的感覺》一書的自序中這樣寫：年輕的時候我想，理解一個人是多麼容易的一件事情，而做諮詢越久越發現，一個人去理解另外一個人，是多麼、多麼困難的事情。就好像登天的感覺。

所以，同理並不等於同情，若你真的希望對方好起來，請你幫助他來表達他真

⑤這裡指過度激勵他人。

實的感受。同情傳達的是：我理解當……時，你會有多難過；而同理傳達的是：我理解你目前的感受，並感同身受。當然不是非要與對方一起哭，如果我們能保持一個中立的立場，放下內心的評判，好好地陪伴他，不再給他任何壓力——包括讓他很快好起來的壓力，就足以讓對方感覺到溫暖，而找到自己的力量了。很多時候，人們內心深處的那個叫「超我」的小人兒已經足夠聒噪了，不需要我們再廢話。

這就是治癒星人最常做的，也是人們喜歡他們，願意對他們傾吐心聲的重要原因。從專業的角度說，同理就是進入並瞭解他人的內心世界，並將這種瞭解傳達給對方的一種技術與能力。但是很多人更喜歡關於同理心的另外一種描述：從他的眼睛裡面，去看他的世界。

說起來好像雲山霧罩，做起來其實很容易，只要能管住自己心裡蠢蠢欲動的聲音，不急於發表意見，從對方的視角去看其當下的困境，不批評、不判斷、尊重、以對方為中心，好好地傾聽對方的傾訴，感受對方的情緒，在適當的時候給予回饋。如此，就OK了。

最後用兩句話來總結治癒星人的同理治癒大法：一、用好耳朵，管好嘴；二、真情流露的人，才能得到真情回報。

情感留白，切忌交淺而言深

我認識一個女孩，臉蛋身材都絕對說得過去，可就是情路坎坷，要不是長時間沒人追，不然就是她倒追別人追不上，或速戀速分。慢慢地，我發現了她的癥結所在，就是她太誠實了。跟同事朋友交往，就像竹筒倒豆子一樣，什麼都跟別人說，把誰都當知心朋友。

有時候正上著班，她出去接個電話，回來就趴在辦公桌上開始哭，大家只好過去詢問一下，她說跟男友吵架了，原因是什麼什麼，哭訴著就讓自己的私生活大白於天下。談戀愛也是這樣，戀愛關係剛確定，她的身高體重三圍，郵箱密碼銀行卡密碼，成長秘事過往情史……所有第一手資料都會迅速被對方掌握。

這個姑娘不但在生活中口無遮攔，在網上也這樣。剛交了一個男朋友，關係還不穩定，就忍不住在微博上洗版，男友的暱稱是小豬，她的暱稱是小豬豬，在版上發文「小豬發誓要愛小豬豬一輩子」。過幾天分手了，馬上一把鼻涕一把眼淚地發了一堆分手感言。又過幾天發年終獎了，她發了一張自拍照，一把鈔票排成孔雀開屏的樣子，花花綠綠甚是好看。她也不是炫富，她似乎天生就是這樣一個天真無邪的人，對他人、對世界都沒有什麼戒心。在公司裡，年終獎的數字是個秘密，誰也不會不知趣地互相打聽，但是她的年終獎有多少，算是人盡皆知了。這姑娘在網上幾乎是個透明人，沒有秘密，年齡多大、收入幾何、交過幾任男友，隨便翻翻她的微博就知道了。

最近發現這種容易對人敞開心扉的女孩子特別多。如果說年輕人心地單純口無遮攔，也就算了，可是有一次遇到一個中年大姐，也令我大跌眼鏡。我跟這個大姐是第一次見面，在一個飯局上，剛好我們倆坐在一起。女性第一次見面說什麼呢，一般也就是聊聊護膚，談談減肥，交流一下關於化妝品的心得等等。對於兩個並不熟識的女性來說，這樣的話題既不會冷場也不會出錯。

越聊越投機，大姐指著顴骨上幾個小斑點對我說：「氣血不暢容易長斑，這是化妝品也解決不了的問題，做人工流產容易導致氣血瘀滯，你看我這個斑就是人流做多了長的，我一共做了七次人流。」

看著大姐毫無異樣，其他人也鎮靜自若的表情，我一時有點含糊了，難道是我的觀念有問題，人流已經不算隱私了，可以像感冒一樣，拿到大庭廣眾來說了嗎？

有人將這種「把誰都不當外人」，一張口什麼話都敢說的人稱為「清湯掛麵」，意思是讓人一眼看到底，毫無遮掩，沒有內涵。

在現代社會的交際中，「心機深沉」的人雖然不招人喜歡，但「清湯掛麵」也絕對不是什麼正面的評價，這樣的人，大家雖然覺得像個「傻白甜」一樣看起來人畜無害，但同時也有「搞不清狀況」、「沒分寸」的嫌疑，似乎不堪大任，也不堪深交。

別再標榜自己「我這人性格單純」、「藏不住話」，很多時候，生活不順遂，職場難晉升，可能坑都在這兒呢！

・・・

有一個認識幾年了，但彼此稱不上特別瞭解的朋友，有一天對我說：「我感覺你很寂寞，寂寞得都快瘋了。」

我大驚，問為什麼。

他說：「我經常看見你發微信朋友圈，尤其是晚上，有時候很晚很晚了還在發。」

我頓時很無語。

這年頭，刷不刷微信跟寂寞已經沒有半點關係了。同時這件事也說明了一個道理，我們總是在有意無意地揣測別人的生活——從各種蛛絲馬跡，不管這跟我們有無關聯。不然，娛樂圈裡也不會有什麼狗仔隊了，也不會有二十四小時蹲守的偷拍了，挖掘明星的隱私，就是為了迎合大家人性中八卦的那一部分。

人性就是這麼矛盾，不讓他知道的時候他想知道，什麼都讓他知道了又覺得寡味無趣。

在人際關係中，讓雙方存一些私密，也是一種吸引力，把自己的內心世界完全暴露於別人眼前，神秘感盡失，變成一碗讓人一目了然的清湯掛麵，滋味實在乏善可陳。很多青梅竹馬的玩伴最終只能淪為死黨卻成不了戀人，我覺得也跟缺乏神秘感有關係。你見過我流鼻涕的樣子我知道你初經是哪天，你認識我三姑六婆八姨夫，我見過你五嬸四舅二大爺，彼此太過瞭解，就會缺乏吸引力，愛情還沒發芽呢，就成了親情。

國畫有一個很大的特色，就是善於「留白」。國畫不像西方的油畫強調色彩的衝擊，它用淡淡的墨蹟描繪世界，給觀者一定的想像空間。這種技法，妙就妙在遮掩和留白，在沒有筆墨的地方，凸顯畫意之深遠，謂之「留白天地寬」。

在交際中，「留白」也是個相當值得借鑑的技巧。所謂「留白」，不僅是在穿衣打扮方面，在待人接物的行為模式上也要學會讓自己保持一點神秘感。無論是生活境況，還是個人情感，切忌一五一十地對人盡情傾訴。痛快了嘴，卻把所有的底細都亮給了別人，這樣的人真是勇氣可嘉。一般來講，初相識的人，說個五六成就已經很多了，剩下的就是國畫中的留白，不多也不少，恰到好處，給對方留一點揣摩與遐想的空間。

不知道你有沒有注意過，現實生活中，把誰都當知心姐姐的人，往往摯友並不多。為什麼？交淺而言深，是缺乏分寸感的一種表現，誰敢跟她掏心窩子，回頭她就像個喇叭一樣把你的私事弄得盡人皆知。

在今天的交際場上，神秘感與魅力也是成正比的。一個具有神秘感的人，自然而然地會引起別人的關注。神秘感的核心在於不可預見性，愈是讓人看不透的人，就愈讓人想要進一步接觸。人與人之間的交往是建立在實際接觸上的，一個交往一兩次就讓人看得清清楚楚的人，肯定不是個有魅力的人。

・・・

神秘感也是可以透過訓練習得的，我在各種相關的書籍和網上搜集了很多關於培養神秘氣質的方法，其中有三個要點是大家公認的，可以借鑒一下：

第一，話別太多。

這個在上面已經說過。女人尤其愛犯這個毛病，因為女人喜歡也擅長與人分享，並且把這視為友誼的一部分。與閨密或者熟識的好朋友交心自然無可非議，但是要記住交淺言深是大忌，與別人半生不熟時便向其推心置腹，只會讓自己變得無聊、瑣碎且毫無神秘感。

第二，學會拒絕，別當老好人。

在人際關係中要有親疏遠近，過分順從別人反而會失去自我，有求必應可能會收穫一張好人卡，但會讓你顯得一點神秘感也沒有。

第三，一個有深度的人才能有神秘感。

有個作家說，一個頭腦空空的人想要玩神秘無異於抓泥塗臉。這句話雖然噁心，但卻很有道理。一個人的神秘感並非固定不變，神秘的內容一邊不斷地被對方探究所發現，一邊又會被新的內容所充實和替換。所以，你需要不斷地用知識和智慧來填充、更新這些內容。知識貧乏、思想淺薄的人，即使讓人有一時的新鮮感，也很快會失去吸引力。

愛因斯坦說過：「人類最美的經驗是神秘感，神秘感是一切真科學與真藝術的泉源。」看來神秘感不但能讓人在交際中有如神助，還能推動時代進步呢！如果說距離產生美，那麼神秘能產生大美。

「親密有間」的朋友才更長久

范範和思遠是一對閨密。兩人關係很好，跟彼此的老公也熟絡，四個人經常在一起吃吃飯、唱唱歌什麼的。但是范範最近犯了一個毛病，就是不能看思遠老公的鼻子，一看就想笑。所以她每次都埋頭吃飯，專心致志地和碗筷食物「鬥爭」，儘量不抬頭，忍得非常辛苦。但是人都有一個毛病，越是想忘掉什麼事，就越是想著那件事。有一次，范範一抬頭，剛好看見對面思遠老公的大鼻子，她忍不住「噗」一聲把剛喝的可樂噴了人家一臉。

要說這事兒的始作俑者，還是思遠。范範和思遠是十幾年的閨密，從小一起長大，無話不談，幾乎沒有什麼禁忌。不過思遠有一個毛病，就是特別愛講她與老公的私事。從兩人談戀愛起到後來結婚成了夫妻，只要一有新鮮橋段，她肯定會樂不可支地跟范範描述一遍。

開始范範還挺有興趣的，幾年下來也覺得有點無聊了。她明確地說，親愛的，我對你們兩口子的閨中之樂不感興趣。儘管這樣，思遠還是樂此不疲。有一次又興致勃勃地對范範說，昨天自已心情不好，老公為了哄她開心，在鼻子上畫了一個佩佩豬。思遠的老公平時不苟言笑，看上去特別嚴肅，所以這個「佩佩豬版」的鼻子，就成了惹得范範屢屢笑場的罪魁禍首。

幾次以後，思遠的老公察覺出范範的表現有點兒不對勁，回家拷問老婆，思遠也沒當回事情，就把原因告訴了老公。沒想到老公大怒，反應非常激烈，夫妻倆為這事兒大吵一架，從此以後，思遠的老公再也不肯與范範見面，算是徹底「絕交」了。與老公吵得七葷八素的思遠又跑來埋怨范範，說她的表現太誇張，才引出這場風波。范範覺得委屈，是你主動告訴我的，又不是我問的。就為這點事，多年的密友心裡也有了芥蒂。

在女人看來，彼此間分享生活中的小秘密，是關係親密的一種表現。但是關係再好也總得有個尺度吧，並非什麼事情都能與閨密分享的，尤其是夫妻間的私密事情，畢竟其中還涉及到另一個人的感受。

如果范範之前能夠認真地與思遠談一談，向她說清楚知道太多她們夫妻的私密事情讓她不自在了，也就不會出現後來口噴可樂這齣鬧劇了。

・・・

晚飯後，萍萍讓老公洗碗，叫了幾聲，老公就像沒聽見一樣賴在沙發上「葛優癱」⑥，萍萍見自己被當成空氣，頓時心頭火起，抄起一隻盤子摔到地上，老公不甘示弱摔了個杯子，很快兩人便陷入了對峙。

萍萍打電話給閨密們訴苦，閨密們各抒己見，紛紛獻計獻策，將自己的馭夫術傾囊相授。這個說：「太不像話了，結婚才幾天啊就這麼懶，以後還了得？」那個說：「不是東風壓倒西風，就是西風壓倒東風，你可不能示弱啊！」還有一個接著說：「再不聽話你就去婆婆家鬧，看他服不服！」聽閨密們你一言我一語的，萍萍心中的怨氣越來越多，覺得天下就自己這個男人不聽話。在閨密們的大力慫恿之下，萍萍的態度相當強勢，率先挑釁，把一個耳光甩在老公臉上。

沒想到老公更強勢，竟然提出了離婚，萍萍傻了。

冷靜下來，萍萍真誠地跟老公溝通，承認自己對兩人的矛盾處理不當，不該盲目地聽信閨中女友的「損招」。老公得知她又被幾個閨密「遙控」了，又氣又恨地在她的額頭上狠狠地戳了一下：「你怎麼這麼沒腦子，什麼事都聽別人的？」

萍萍的幾個閨密比她的年齡都大，社會經驗也比她豐富，萍萍平時非常信賴她們。同樣的一件事情家人和老公講，萍萍未必信，但是她們講萍萍絕對相信。

就因為如此，在婚前，萍萍和老公就差點被她的閨密「勸分」。有個閨密離過婚，感情生活不太順利，對愛情、婚姻的看法也比較負面，她總以清醒冷靜而自居，在萍萍和男友吵架時總是「勸分不勸和」。

萍萍婚期臨近的時候，因為「租什麼樣的禮車」與老公鬧了點小矛盾，萍萍一生氣，又去和閨密們吐槽。閨密當即把萍萍數落一通：「這麼小氣的男人你居然還要嫁給他，以後能有好日子過嗎，讓我說你什麼好……」搞得萍萍幾乎想逃婚，婚禮差點夭折。

因為這件事，老公心裡積怨難消，終於有一天，幾個閨密又跑到萍萍家裡，關

⑥在陸劇《我愛我家》中，葛優在沙發上的一躺，成為近年來網友調侃的用詞。

上房門嘀嘀咕咕的時候，老公衝過來，毫不留情面地說：「拜託你們別摻和我家的事兒了！」

・・・

朋友交往多年，就可謂親密無間了。但是，再親密的朋友相處也是有「地雷區」的，應該尊重彼此的邊界，這有助於關係的長久保持。朋友之間有秘密會相互傾訴，但是要切記「親密有間」，再好的關係也要有界限、有空間，密不透風地進入彼此的私人空間，對於雙方的關係來說，絕對是弊大於利。

哲學家、心理分析師尼可爾・普裡厄認為，當我們同別人交往時，難免會身不由己地背叛對方，這是人際關係的一部分。「背叛總是潛伏在人際關係中，也許當我們準確意識到這一點的時候，我們就會變成一個有意識的人。」

可見，即便是對最親密的朋友，也不要完全地口無遮攔。你願意與朋友分享秘密，不希望被朋友出賣，朋友也有同樣的想法，如果對方真的對你說了極度隱秘的隱私，或者他自己都覺得羞恥的事情，那麼你一定要注意保密，朋友間的信任一旦被打破，可能就再也無法修復，從此密友變成陌路。

即使不算特別隱私的事情，如果朋友不願意被外人知道，我們也要遵守界限，為其保密，千萬不要以為關係好，就不把自己當外人，把人家的事情隨隨便便就講出來。

三毛說過：「朋友再親密，分寸也不可差失，自以為熟，結果反生隔離。」娛樂圈中這樣的事情就很多，明星的很多料都是被閨密爆出來的，比如有一位女星，被閨密爆料曾經酒駕，還菸癮很大，公眾形象一落千丈，女星耿耿於懷，覺得閨密這是背後捅刀，是陰險小人，完全辜負了自己待她的真摯情誼，閨密還滿腹委屈，覺得自己說的都是些無傷大雅的事情，是女星氣量太小。結果兩人從最好的朋友變成了老死不相往來的路人，面對面走過都不打招呼。

另外，摻和別人的家事，也絕對是件費力不討好的事情。

有時候朋友抱怨生活中的種種不如意，只是想發洩一下鬱悶的情緒，不一定是非要向別人討個主意，我們做一個靜靜的傾聽者就好，不必真的去出謀劃策。

朋友可以大罵自己的老公或者老婆，但是你不可以跟著罵，這是很簡單的人情世故。

再親密的關係，也不能像八爪魚一樣，無限制地滲透進人家的生活。作為一個成年人，總歸是要對自己的生活有所承擔的，朋友對我們再好，也不要總把人家當成垃圾桶，那些雞毛蒜皮的家務事，能少說幾句就少說幾句吧。生活的煩惱有時就像個皮球，只能自己抱著，誰也不能替你接過去，又何必總把那些負能量傳遞給別人呢？

永遠不和爛人爛事糾纏

莉莉和小陶在大學裡是好朋友，說好了畢業後一起合租房子，臨近畢業時，小陶火速找了一個男朋友，於是兩人合租變成了三人合租。莉莉很快就發現小陶的這個男朋友有點不靠譜，好吃懶做，天天在房間裡打遊戲、抽菸，而且還有暴力傾向！玩遊戲的時候喜歡破口大罵，砸鍵盤摔滑鼠，還摔碎過小陶的杯子。莉莉提醒小陶，小陶不在乎，說在網上發洩一下情緒很正常。

第二個月，莉莉就租了新房子搬走了。不久，小陶失戀了，打電話要求再次與莉莉同住，莉莉婉言拒絕，幫小陶在別處租了一套房。

朋友之間三觀有一觀不合，也許不至於反目，卻會在生活中埋下一些隱患，就像腳下的地雷，隨時都有可能爆炸，離那些雷越遠越好，千萬別當敢死隊替她踩。

一個人如果私生活混亂，或者擁有一段不健康的感情，特別容易麻煩上身。這樣的人並不能說完全不能做朋友，但是貼身交往，還是要慎重考慮，免得城門失火，殃及池魚。因愛生恨的事比比皆是。這種朋友最好不要招到家裡來，否則有可能就是引狼入室。

．．．

還有一件事，是發生在我閨密玲玲身上的。玲玲全家和老公的死黨全家一起去旅遊，在飯店吃飯的時候，點了一盤餃子，服務生上錯菜，把餃子端到別的桌子上去了，那桌客人吃了兩個後，發現餡兒不對，這盤餃子又被端到玲玲她們的餐桌上。玲玲嫌棄餃子已經被別人吃過了，要求退掉，服務生不同意，便吵了起來。

老公的死黨急忙好言相勸，還主動付了賬。

玲玲埋怨他，還是個員警呢，怎麼那麼軟弱！

老公的死黨說，我當刑警這麼多年，知道好多大案血案最初都是由一點小事情引起的，退一步開闊天空，能不爭執就不爭執。

玲玲不屑，哦，一個餃子還能引發血案？

結果沒幾天，網上就曝出了火鍋店服務生往女顧客頭上澆熱湯的事情。玲玲被這則新聞嚇了一跳，覺得老公的員警死黨說得也有幾分道理。

我們遇事要保持冷靜，儘量不與人爭執。萬一遇到「垃圾人」，對方的情緒得不到釋放，你和他槓上了，剛好跟你來個你死我活。

作家大衛．波萊提出了一個垃圾車定律：「許多人就像垃圾車一樣，他們裝滿了垃圾四處奔走，充滿懊惱、憤怒、失望的情緒，隨著垃圾越來越多，他們就需要找地方傾倒，如果你給他們這個機會，他們就會把垃圾一股腦兒地傾倒在你身上。所以，有人想要這麼做的時候，千萬不要收下。只要微笑，揮揮手，祝他們好運，然後，繼續走你的路，相信我，這樣做你會更快樂。」

這一類「垃圾人」不一定常見，但在生活中總難免碰到那麼幾個，懂得這個定律，可能一些悲劇就能避免。

一個二十歲左右的女孩，喝得大醉，深夜打車，懷疑司機繞路加錢，兩人發生爭執。那司機也是個變態，不知為何後備箱裡竟備著手銬。一怒之下把女孩銬了起來，帶回地下室的出租屋裡，殘忍殺害。

電視裡，女孩父親掩面大哭，後悔沒對女兒進行一些安全意識方面的教育。這種例子，多得不勝枚舉，隨便到網上看看就能找到一大堆。

……

生活中不僅僅有垃圾人，還有很多其他的垃圾，比如我們可能會受到的一些誤解、冤枉、不公正的待遇等等，我們都要學會淡然處之，轉身避讓，放它們過去。否則，垃圾只會越來越發酵，一直困擾我們。

人這一生，沒有什麼人、什麼事值得我們一直耿耿於懷，一輩子與之纏鬥。與爛人爛事硬碰硬，代價往往是巨大的。即使是贏了他們，你也會陷在裡面，很難拔出腳來。

我讀過這樣一則寓言，一隻駱駝走在沙漠裡，不小心踩到一塊碎玻璃。它很生氣，抬起腳，狠狠地將碎玻璃踢了出去。結果被鋒利的玻璃劃破了腳，流了很多血。鮮血的味道將盤旋在空中的禿鷲招了來，一路猛追駱駝。駱駝很害怕，不顧傷勢地狂奔起來，好容易跑到沙漠邊緣了，卻又引來了附近的狼群。它再次倉皇逃跑，慌不擇路，闖入了一處食人蟻的巢穴，被黑壓壓的螞蟻團團圍住啃噬。臨死前，駱駝後悔地想：我為什麼要跟一塊小小的玻璃較勁呢？

很多人之所以會與爛人爛事糾纏不休，就和這頭駱駝一樣，被負面情緒蒙住了雙眼，目光看不到更長遠的未來。芸芸眾生，什麼人都有，繁雜世事，什麼事都有，我們改變不了別人，卻可以調整自己的心態。

我發現，過上簡單有序生活的那些人，都有一種精神上的潔癖，他們不但會跟消耗自己的一切一刀兩斷，還會盡可能地遠離種種「垃圾」，從不為自己的生活埋下任何隱患。

大衛・波萊說：「生活只有百分之十是靠你創造的，而有百分之九十則是看你如何去看待。」我們一生的精力十分有限，不是每個人都值得你去浪費口舌的。

不值得浪費口舌，就更不值得浪費時間和精力了，也不必為這些人動怒，浪費自己的好心情。餘生只有那麼長，時間很寶貴，這些有限的時間，我們要用到對的人和事上，要用來去遇見更好的人和事，這是一種不計較的大智慧。

CHAPTER
5

／心態／

知世故而不世故，歷圓滑而天真

最有城府的人，是能夠將一切盡收眼底，
在複雜的世界裡，簡單地活著，
心無所累，一切皆安。

有什麼樣的眼界，就有什麼樣的境界

我在一位暢銷書作家的專欄裡，看過這樣一個故事：

他有兩個朋友，年輕時都做過船員，隨著輪船周遊世界。在二十世紀八〇、九〇年代人的觀念裡，外面的世界很精彩，外面的世界也很危險，出國打工很賺錢，同時也是一場冒險之旅。

幾年後，兩個朋友帶著滿身風塵回來了，奇怪的是，他們對外面世界的感受是截然相反的。一個說外面的世界很奇妙，很溫暖，一路遇到了很多好心人。比如有一次，他在阿姆斯特丹港口，想給家人打個電話，口袋裡卻沒有硬幣，又不會說外語，也不知道去哪裡換，正站在投幣式電話前著急，一對小情侶發現了他的窘境，送給他很多很多硬幣，滿滿地捧了一手。在國外的時光，在他口中，是一場美好的

「傳奇經歷」。

另一個朋友卻說，國外的、生活極為兇險，到處都是壞人，壞到令人髮指的地步，稍一疏忽就有可能被騙甚至是被害。

其實，這兩個朋友走的是完全相同的航線。

我在生活中，也經常發現這種現象，境況差不多，經歷也差不多的一些人，對於世界的看法卻大相徑庭。

我北漂多年，結識了很多北漂朋友，對這個留下了青春和熱血的城市，大家的態度並不一樣。

有人說，長安米貴，白居不易，受盡冷眼和冷遇，北漂之路血淚斑斑；有人說一路走來雖然困難重重，所幸遇到太多好人無私的幫助，不然走不到今天。

其實，細細一聊，大家的遭遇都差不多。無非是半夜被房東趕出家門，推著箱子流落街頭，或者是被黑心老闆欺詐等等。只是每個人選擇留在記憶裡的東西不一樣，所以拿出來分享的故事也不一樣，有些人就像是被騙大的，能活下來簡直就是九死一生；有人則像天生的幸運兒，每次跌倒在谷底時都會突然遇到暖心的幫助，結果柳暗花明又一村。

所以，有些人覺得這個城市對自己越來越親和，對北京越來越有感情；有些人卻始終牢騷滿腹，房價太高，空氣惡劣，出門就堵車，一邊罵一邊賴著不走替大家分享霧霾。

你凝視著深淵，深淵也凝視著你。我們賴以生存的這個世界，並不僅僅是一個冷冰冰的客觀存在，這個世界是有生命的，甚至可能是有靈魂的。你如何待它，它也如何待你。

這個世界不可能是完美的，你的世界裡有哪些不美好的地方？那之中，有多少其實可能是我們自己的選擇？

你以何眼看世界，世界就是什麼樣子；你如何對待世界，世界就如何回饋你。就像復旦名師陳果說的那樣，你活得很LOW，你的世界也不會美好到哪兒去。

・・・

我曾給一位女企業家寫過傳記。她說她這一生，雖無大起大落，但也並不順遂，好事壞事都遇到過。出身部隊大院①，家境很好，但是童年時病痛纏身；事業不錯，但是婚姻失敗了；被貴人扶持過，也被小人算計過；被幸運砸中過，也被生活折磨過。總之，沒有人能永遠被生活善待，關鍵是你自己如何對待這一切。

如果整天以一種失衡的心態抱怨生活，時刻以受害者自居，覺得自己經受了世間的一切不公，萬事萬物都欠自己的，日子就真的很難變好了。

佛洛伊德曾經提出了一個心理學概念叫作投射。所謂的「投射」是一種認知障礙，指把自己的態度、動機、想法或欲念「投射」到別人身上，即推己及人。有一個關於蘇東坡和佛印和尚的傳說，就能很好地說明投射效應：

一天，蘇東坡和佛印和尚在杭州的西湖上泛舟清談，蘇東坡看著對面的佛印，開玩笑說：「我看你是一堆狗屎。」佛印不但沒有生氣，反而微笑著說：「我看你是一尊金佛。」蘇東坡樂不可支，覺得自己占了便宜，回家以後，得意洋洋地向妹妹蘇小妹炫耀，蘇小妹哭笑不得，說：「哥哥你吃虧了，佛家說『佛心自現』，你看別人是什麼，就表示你看自己也是什麼。」

簡單粗暴地解釋就是，因為我自己是狗屎，我看別人也是狗屎；因為我自己是

① 中國的貴族、精英階層。

金佛，我看別人也是金佛。

據說，佛陀當年初次給弟子們講法，首先就是教眾生去認識、體會這個世界的複雜和缺憾，去看我們自己與生活之間是怎樣糾纏不斷、苦難重重的。

在複雜的生活中，若能以一種平和的心態去應對世間的種種，對世界的壞坦然接受，對世界的好心懷感恩，那麼不僅我們對世界的認知會更寬闊、完整，更重要的是，能夠用更高遠的視角去看世間萬象，這種大視角被稱為智慧，能讓我們活得更加簡單和快樂。

…

真正的智者，懂得接受生活本來的樣子，不會營造一個幻象來欺騙自己，也不會學做鴕鳥，把頭鑽進沙堆裡逃避現實，更不會怨天尤人，伸手向別人討要公平和美好。

他們會心無旁騖迎著光的方向走，把那些複雜和陰暗都拋在身後。一路向前，一路成長，到最後，他們會強大到那些伎倆、打擊、挫折都再也傷害不了自己！

詩人說，黑夜給了我黑色的眼睛，我卻用它尋找光明。

簡單，是應對複雜世界的利器。無論外界再怎麼蕪雜，只要我們心靈的內核是堅強的，眼神是純淨的，就能把自己活成一束光源，擊退陰影中的蠅營狗苟。

從我們長大成人，走出家門獨自上路的那一刻起，成長就像環遊地球一樣，充滿了未知，是一場冒險，更是一種承擔。

你享受了廣大天地帶來的自由和機會，同時也必須客觀地看待世界的不完美，接受這種不完美。就像沐浴著溫暖的陽光，又怎麼能要求陽光下沒有陰影呢？

在複雜的世界裡，簡單地活著，心無所累，一切皆安。

工作都做不好，還談什麼美好人生

我上大學的時候，寒暑假在商場打工兼職賣化妝品，跟我搭檔的是一個專櫃的櫃姐，名字叫姍姍。姍姍人長得很美，有點像混血美人，皮膚極好，有一種欺霜賽雪的白，大眼睛在濃長睫毛的掩映下眼波流盼，是真正的目如點漆，眼若秋水！

人人都說姍姍的先天條件好，適合幹美容行業，她天生的好膚色，就是活廣告。只是姍姍自己對這份工作好像有一搭無一搭的，有次我看見她翻著銷售表蹙著眉頭思考，我問她，姍姍，你想什麼呢？她抬起美麗的大眼睛說，我在想中午吃什麼。姍姍很少給顧客介紹產品，一般都是顧客要哪瓶她就給拿哪瓶，實際上她對產品的分類和功能也不甚瞭解。

有一天，來了一位年輕的女顧客，說要買瓶晚霜，姍姍說我們這個品牌沒有晚霜，女顧客指著櫃檯裡的某一瓶讓姍姍給她拿出來看看，拿出來以後，她質問姍姍：「這不是有晚霜嗎？據我所知是新出的產品。」姍姍瞥了她一眼，說：「有就有唄。」

第二天我去上班，沒見到姍姍，專櫃上換了一位陌生的櫃姐。原來昨天那位女顧客是化妝品公司派來的督導，前來抽查工作的。姍姍被辭退了。

可能對姍姍來說，丟掉這份工作也沒有什麼惋惜的，她說過對這份工作也沒有多少興趣，也沒付出過多少，說白了，就是沒有上過心。

第二年我畢業了，到雜誌社上班，把姍姍介紹過去做校對員。結果她校對稿子時間用得最多，出錯率還最高，勉強幹了半年，又被辭退了。

後來陸陸續續地在微博上看到姍姍的情況，她頻繁換工作，最後回了老家，結婚生孩子，幾年後又離婚了。有段時間她總是與我視頻通話，抱怨自己命不好，諸事不順，發誓要振作起來，努力改善自己的生活。我看見她坐在床上，身後的房間亂七八糟，桌上攤著一堆還沒收拾的瓜子殼……。

姍姍問我，這些年掉進的坑太多了，要不要痛定思痛，把各種失敗的原因都好好總結一番，重頭再來？

我說，你想多了。

本來很簡單的事，硬生生地被你搞複雜了。她現在最需要的事，不是坐在家裡思考人生，而是早點起床，洗個臉，出門找份工作好好幹。

一個人如果連工作都做不好，人生又怎麼可能美好呢？

‧‧‧

我有一個女性朋友，在一家公司做HR，她告訴我，總有一類人，選擇工作崗位的順序，正好與掙錢多少是相反的，怪了！比如他們不挑底薪最高的培訓顧問或者專案銷售，往往願意做行政或者文員。

其實，這些人是按照工作的壓力大小來選擇的，也就是說，壓力小，不累的工作是首選，即使薪資低，發展空間小也能接受。女友說，我真為他們的未來擔心，如果在工作上圖清閒，盡自己最大的可能規避辛苦和壓力，他們以後的人生不但很難美好，還有可能會遇到大麻煩。

我們每個人，都需要事業、愛情和令自己心動的生活方式來啟動自己的生命能量，讓自己有更強的動力去完成更多有意義、有意思的事，為生命創造更多的可能性，讓生活過得更豐富和有意義，這才叫沒有白活。

相較於其他事情，事業的成功帶給我們的成就感和滿足感是持久的。一個人事業成功了，就意味著自己的付出是有收穫的，在自己的工作領域能夠被人認可、肯定，證明自己對社會、對他人是有貢獻的，這種幸福感是無窮盡的。

．．．

美國汽車大王福特曾說：「工作是你可以依靠的東西，是個可以終身信賴且永遠不會背棄你的朋友。」

是的，誰都有可能辜負你，但是工作永遠不會。即使你不能像戀愛一樣去工作，也必須要知道，工作是你賴以生存的指望，是安身立命的基礎。

也許一開始，你進了一家不錯的公司，拿著穩定的薪水，工作起來胸有成竹，很得領導的欣賞，可是，突然有一天，你發現週一越來越不想上班，這份工作你一分鐘都不想再做，因為它不是你的興趣所在，你的夢想似乎在每天上班下班的打卡中消磨殆盡，沒有興趣支撐的工作已經變成了你的拖累。

如果你的工作就是你的興趣所在，那麼恭喜了，你擁有了一份不可多得的幸運；但如果不巧，暫時不能按自己的興趣去選擇職業，或者逐漸對工作失去了興趣，工作只是一個謀生手段，那麼也要安於工作，用這份工作的收入來保證物質生活的同時，業餘時間也要多充電儲備，充實自己，提高技能來發展自己的興趣，當機會來臨的時候，才不會錯過。

當然，也可以把興趣轉化為愛好，按興趣去工作可能更容易成功，工作也可能變得更加快樂，但這絕不是讓自己幸福快樂的唯一途徑。

我們這個時代，正在悄然流行著一種「喪文化」。很多年輕人都在說「何以解憂，唯有佛系」。他們念叨著平平淡淡才是真，在最應該吃苦的年紀選擇了安逸，玩遊戲、泡夜店揮霍自己最好的年華。

我覺得，對生命而言，過度的「喪」不啻於一場災難。所謂平平淡淡才是真，只不過是出於懶惰和逃避給這句話偷換了概念，安於平淡是一種寵辱不驚的心態，平淡不等於平庸，更不等於混吃等死。只有努力奮鬥的人，才會奮力想要一個更趨優越光明的生活環境。

別再被「佛系」洗腦了，或許人家在在朋友圈裡天天佛系，背著人卻在天天向上呢？

一個對工作不用心的人，做什麼事情都不會很投入真心。用心之人心靈和物質都收穫多多，而無心之人心靈和物質都必將匱乏。人活著，真正的幸福感必須來自自己的努力，美好的生活是每一天都用自己的優勢去創造真實的幸福和豐富的滿足感。好好工作，對自我有接納的欣喜和成長的快樂，對生命有積極的探索和熱情的行動，你自然會越努力越幸福。

腳下的堅冰，終究自己要親自破

我曾經到一個朋友的公司臨時幫忙，參與策劃一套圖書。短短一週，就發現有一個姑娘的處境十分不妙。這個姑娘的職位是後勤，由於工作性質關係，她與公司裡的每個員工都有頻繁的互動。

據我觀察，她幾乎是沒有一天不出錯的，不是忘記接收別人傳給她的檔案，就是沒有及時處理郵件，再不就是對帳單寫錯了，發貨單填錯了……。

因為她的工作與所有人都有銜接之處，所以她的紕漏總是會影響到他人。比如對帳單填錯了，總帳的數額對不上，其他發行人員就得配合她一張一張地檢查，有時候甚至要重新核對整整一個季度的帳。有時候還會填錯發貨單，客戶收到錯的貨物，找到發行員，發行員找到倉庫管理人員，倉庫管理人員再找到她，發現問題又出在她這裡。

一來二去的，既增加了別人的工作量，還影響了整個團隊的工作進度。去找老闆反應的人越來越多，不知道為什麼，老闆總是袒護她，比如她忘記接收文件，老闆就會說：「既然是這樣，以後你發完檔案再向她確認一次。」這話說的，好像忘記接收檔案不是她的錯，而是因為發檔案的人沒有及時確認。大夥兒覺得正義得不到伸張，先是怨聲載道，後來發展到指桑罵槐，甚至摔滑鼠發洩怨氣，到最後，似乎氣氛突然平靜下來了，再也沒有人跟她說話了，她成了辦公室的公憤級人物，大家飯局不叫她，出遊也不帶她，所有的交流僅限於網上，發了檔案就在QQ上不停地發震動，一直震到她接收了為止。

我在一旁冷眼旁觀，在這種被封殺的處境裡，她的處理方式也比較奇葩。有時候她為了訂一張機票，會打整整一下午的電話，打給航空公司的訂票中心，打給各大訂票網站，甚至打給旅行社。她用這種方式向大家表明，我很忙，你們不理我，我還沒空搭理你們呢。午休時間，她常常在茶水間裡講手機，與朋友閒聊，為約在哪裡吃晚飯能商量一個小時，下班時間一到，就拎著包昂首挺胸地走了。

我去問老闆，也就是我的朋友，明明這個姑娘不能勝任，為什麼還總是袒護她呢？朋友說，在他們公司，後勤的工作確實比較繁瑣，這位後勤做了整整七年，才算精通了所有業務，再來一個新人，還要重新學習、適應，也許還不如現在這個呢，所以他還想給她點時間。

．．．

職場、冷、暴力——當原本毫無關聯的三個詞湊到一塊兒時，殺傷力極大。

據一家招聘網站調查，職場中，近七成人遭遇過冷暴力，有兩成人不堪忍受而辭職。職場冷暴力一直是某些公司離職率居高不下的罪魁禍首。

百分之七十的人都遭遇過，這冷暴力還真是夠冷的。

職場冷暴力常見的表現形式有：態度疏離、拒絕交流、交流時冷漠或諷刺、工作中不合作。它使人在心理上壓抑鬱悶，卻難以被外界察覺。形式比較隱蔽，破壞力卻極大。而且越是在高收入、高學歷的白領群體中，職場冷暴力越是常見，因為這類人更加注重精神上的認同。

在職場中遇到每種困境，解決方案都不一樣，而面對職場冷暴力，則要有熱反應，積極想辦法應對，才能早日「解凍」。也就是說，萬一不幸被冰封雪藏，只能自己想辦法奮力破冰而出，絕不能指望別人良心發現主動向你伸出橄欖枝。

一般來說，冷暴力雖然冷，但不會是無緣無故產生的。追根溯源，只有弄清原因才能有的放矢地制訂解決方案。本著勇於自省的原則，先要檢討自身的問題，被冷暴力也不一定全是因為同事苛刻，可能自己確實存在某些不足。

・・・

對於上文中提到的這個姑娘來說，要想從冷暴力中解脫，當務之急不是改善人際關係，而是提升個人能力。仗著老闆寬容，採取這種以冷制冷的態度絕對是要不得的。我們都知道，無論什麼事情，都是做得越好，麻煩越少。自己強大才能讓對手忌憚，這是個顛撲不破的千古真理。先要強身健體，才能增強免疫力。自己像個破雞蛋似的，一身都是縫，怎麼能怪蒼蠅來叮？與其浪費一下午的時間打無效電話，還不如沉下心來好好鑽研業務。要想改善處境，沒有其他捷徑，只有努力、努力、再努力，這句重要的話我要說三遍！

如果工作做得很漂亮，還是被孤立，那就得想其他的辦法了。既然人際關係是個網，那麼這張網上就有很多個點，並非是一對一的關係。不要幻想著與整個集體對抗，老祖宗透過寓言就告訴過我們，掰斷一根筷子比掰斷一捆筷子要容易多了，他們要是一起對付你，你就要想辦法「逐個擊破」。「團結就是力量」的反面就是「人多，破綻就多」，可以從比較容易「下手」的同事開始，找到突破口，改善你與同事間的關係。

面對冷暴力，一走了之是逃避問題的「鴕鳥心態」，困守亦非良策。請不要抱怨，你要做的是努力提升自己，在升級打怪的過程中，不斷升級裝備，提高戰力指數，積極想辦法自救，然後從對手的薄弱環節入手，逐步瓦解他們的冰雪陣營。

找出內心真正的所需所願

我朋友小夏，辭職去讀ＭＢＡ，日子過得很悠閒，每天上上課，讀讀書，在朋友圈中秀秀自己最近看了什麼電影，烘焙了什麼好吃的點心，養了鬱鬱蔥蔥的綠色植栽，隔段時間跟朋友們吃個飯做做ＳＰＡ，幸福得不得了。有一天她突然發現，有幾個相熟的朋友，已經有很長一段時間不叫她一起玩了，給她們發微信，發現並沒有被拉黑，但是被設置了分組，螢幕上出現一條尷尬的黑線，她們遮罩了她的朋友圈[②]。

「我什麼地方做錯了嗎？」她悶悶不樂地說。

② 意指對方設定看不見此人在朋友圈的發文。

她大概就錯在活得太舒服了，顯然，有些人不想看她整天那麼悠閒，所以小夏被她們集體冷落了。聽起來很幼稚，但是這種奇葩行為，在成年人的交際圈中屢見不鮮。友誼的小船說翻就翻，你還在茫然無措，人家已經咬牙切齒了。

誰活著都不容易，再光鮮的人生，背後都有「不足為外人道」的艱辛，沒有人可能隨隨便便成功，所以老祖宗告訴我們，別光看見賊吃肉，賊還經常挨打呢！

比如遮罩小夏的那些人，看著她整天享受生活，不用上班也有錢花，看看自己天天加班，苦苦奔波，心裡就不平衡了。但作為朋友，難道她們不知道嗎，小夏在過去長達十年的職業生涯裡，休假的時間一年加起來還超不過一個月，每天都像個空中飛人一樣飛來飛去，世界各地出差，她們在家裡酣然入夢的時候，小夏可能還一身疲憊地坐著「紅眼航班」呢！

有一次，她在深夜回家遇到搶劫，為了保護筆記型電腦裡的重要資料，她死死拉著歹徒不撒手，被拖了幾十米，渾身都是傷。如此血拚了十年，才換來這幾年一邊充電一邊休息的安逸生活。

．．．

不停地與身邊的人比較，只會使人際關係惡化和變質。因為是朋友，就非要把對方的生活當作參照，把人家的生活水準當成自己幸福與否的標準，這不就是自取其擾嗎？

這樣的人，最大的問題就是不喜歡自己，對自己的生活現狀也不滿。如果我們喜歡自己，就不需要從外在尋找東西來填補，也就不必對他人的成就表示不服氣和不認同，冒出你憑什麼過得比我好的念頭。

不與別人攀比，不等於不追求更好的生活。想過好日子，這樣的追求本質上是無可厚非的。追求更美好的生活，一直是人類的本性，對人性進行譴責是不道德的。如果沒有想過好日子這種欲求，我們也許還停留在原始社會呢！但是要搞明白，想要的東西，是真正提高了你的生活品質，還是僅僅滿足了你的虛榮心？

虛榮對人際關係有害無益，對想要好日子的願望也沒有幫助。虛榮的最大表現就是愛比較，通俗地說就是喜歡與其他人比較，例如，有的姑娘節衣縮食吃了兩個月泡麵買了一個名牌包，她明知道自己並不需要這個包，這個包也不能幫她過上好日子，買下它只有一個原因：受不了「別人有我沒有」的事實。橫向比較很容易讓人迷失，陷入嫉妒心或是其他任何可能潛在地毀了你人際關係的負面情緒。

還有一種比較是縱向比較，縱向比較就是跟自己比，跟自己的過去比，找到自己一天天一年年的變化，以進步的心態鼓勵自己。

與其與別人比，在無數個黑夜裡咬碎銀牙，不如騰出一些時間，安靜下來，感知自己的感覺並標注出來。然後問自己一些問題，如「生活中最想改善的部分是什麼？」、「這種感覺讓我想起了什麼？」，在捫心自問時寫下真實的答案，從而得以窺見自己內心真正需要治癒的地方。

你肯定比任何人都知道自己內心深處真正的願望：想換一個更大的房子，還是在工作上更進一步，抑或是透過專業技能的考試，還是開一家自己喜歡的店。找出根本問題，找出自己內心真正的所需所願，然後你才能全力以赴，向困難挑戰，並投身於改善自己生活的事業中。

⋯

我經常想，人生苦短，究竟怎樣才算是對自己好？在我看來，買柔軟的毛巾和舒服的拖鞋，買高品質的睡衣和床單，未必比買名牌包包、昂貴的時裝差；握著一隻白瓷杯，悠閒地喝個下午茶，也許比穿著晚禮服踩著高跟鞋握著酒杯喝紅酒更自在；在陽臺上養滿綠色的植物，不一定就比滿抽屜的珠寶貶值。

這個世界上，有很多精彩的人生，背起背包去遠足是一種人生，踏板衝浪是一種人生，采菊東籬下是一種人生，發奮工作取得耀眼成就也是一種人生……。

我們不可能把每種人生都過一遍，一個人想要過得好，就不能被大千世界中的亂花迷住了眼，忠實自己的內心，剔除過多的欲望，簡化目標，知道自己最想過哪種生活，然後專注於自己腳下的路。

人生是一條單行線，逝去的時光不會回頭。怎樣在有限的時間裡，排除干擾，找出內心真正的所需所願，實現美好的生活和心靈的自由，才是最重要的課題。願我們都能輕裝上陣，快馬前行。

做人，不能總在同一個地方跌倒

有一段時間，我特別喜歡女作家蕭紅。這位女作者，才華橫溢卻命運多舛，生平遭遇令人扼腕。當我喜歡一個人時就忍不住去探究她，忍不住去想，以她的才華和聰明，似乎可以有更好的生活，卻為什麼總是在同一個地方跌倒呢？為什麼總是踏進同一個泥淖？

蕭紅自己是怎麼說的呢？她不止一次地說過：「我最大的悲哀與痛苦，便是做了女人，我一生最大的痛苦與不幸都是因為我是女人。」、「我為什麼生下來就是一個女人呢？……我敗就敗在是個女人上。」

或許人容易陷入當局者迷的困境，蕭紅認為她的不幸均來自她是一個女人，而我們這些後來的人隔著很多年的時光，以旁觀者的角度去看待她的人生，總覺得，很多噩運，其實是她自己主動選擇的。

當然，對於蕭紅的女性意識，不能以今天的時代標準去評判。戰爭、亂世、專制的男權社會，對於追求自由和獨立的女人來說，生存空間確實是太狹窄了。但是話又說回來，在那個亂世中，誰不是朝不保夕呢？一個人的際遇如何，有時代的因素，有環境的影響，也有自身的原因。蕭紅一生顛沛流離，用她自己的話說就是「半生受盡冷遇和白眼」，之所以會這樣，我覺得更多的是她自己的原因。她內心有狂熱的獨立自主的需求，卻在面臨困境時缺乏冷靜的頭腦和無畏的勇氣，所以她解決問題的方式總顯得那麼倉皇和被動，而每次在日子過得稍微像樣一些之後，又迅速地把自己放逐於未知之中，她所做的那些選擇，怎麼看都是凶多吉少，感覺像是一錯再錯。

在我看來，蕭紅最大的不幸，還不是她饑寒交迫的生活和不順遂的情感，而是到了今天，她的私生活，仍然比她的才華，她的作品，更能吸引大眾。她的某部傳記電影，海報設計得像色情片一樣。

如果一個人總在命運的泥淖中苦苦掙扎，一次次站起來又一次次跌倒，渾身沾滿冰冷潮濕的泥水，就該考慮一個問題：命運多舛到底是天生的，還是自找的？

⋯⋯

壞際遇、壞婚姻、壞男人、壞上司、壞朋友……往往都是人生最好的老師。生活中一段不良的關係或一段不好的際遇，給我們帶來傷害和痛苦的同時，也蘊含著營養，就看你能不能汲取。

奧地利精神醫學博士法蘭可說過：如果能在痛苦中發現其意義，痛苦就是值得承擔的負荷。

有人說人生就像一場大型的考試，怎麼可能每道題都答對？從失敗中學經驗，才能減小再次失誤的概率。每當遇上挫折、危機和困境時，不妨自問一下，這讓我學到了什麼？如果確實汲取了教訓，就能順利通過考試，不再重蹈覆轍。不重蹈覆轍——這也是從失敗到成功的捷徑。

可惜，好了傷疤忘了疼是世人最易犯的錯誤。比如一些女孩子總是不停地愛上「壞男人」，每一段戀情都以同樣的情形悲傷結束；有些職場跳蚤不斷跳槽，在每一家單位都因為同一種原因失落逃離……老話說「吃一塹，長一智」，但是很多人卻一直在重複著似曾相識的不幸。

如果人人都能懂得記住第一次的教訓，從傷害的經驗中學習，就可以將傷害變為成長的養分，將劣勢轉為優勢。

有人說，做人不是應該及時放下嗎？傷疤都好了，還記得那點疼，怎麼能輕裝上陣？

在這裡不要偷換概念，放下跟記吃不記打不是一碼事。放下的，是心靈上的負擔，記住的，是失敗換來的經驗教訓。還有什麼東西比你用吃虧上當受苦受疼得來的感悟更珍貴呢？吃一百個豆都不嫌腥的人，下場就是永遠在犯一些重複性的錯誤，陷入惡性循環的爛泥潭中不能自拔。

確實，有時候從挫折中得到的領悟，比一張哈佛大學的畢業證書還實用。沒有人從來都不犯錯，知道自己錯在何處，知道癥結所在，知道如何重來才是重要的。不犯錯的人生怎麼能叫人生，不吸取教訓的人怎麼能叫聰明人？

忙著勾心鬥角，不如拿一手好牌

多年以前，我在一家雜誌社做編輯，公司裡除了一個美工和一個發行員是男的，其他員工清一色的娘子軍。我們部門有三個人，我和另外兩個女編輯。三個人在工作上合作還算默契，平時相處得也算融洽。每天下班後三個人一起去坐地鐵，雜誌社距離地鐵站大概兩個公車站的距離，我們一般都是步行去地鐵站，路上聊聊八卦，調侃調侃老闆，給僅有的兩個男同事起起綽號，有時候也在路邊的咖啡館小坐一會兒，或者一起吃頓晚飯。我一直以為，這段下班後的地鐵時光相當愜意，直到有一天。

那天，A編輯有事請假沒來上班，只有我跟B編輯一起去坐地鐵，路上，B突然對我說，你知道嗎，A要跳槽了。我說不知道哦。她說，A是騎驢找馬，在咱們這上班，背地裡又偷偷到另外一家雜誌社應聘，面試複試都過了，就差體檢了，如果不出意外，她應該很快就不在這裡了。我問，你是怎麼知道的？她嘴一撇，那家雜誌社主編是我同學，沒辦法，圈子就這麼大。我嘆氣道，她一走，咱倆的工作量就大了，應該提前打個招呼的。B說，她不可能提前打招呼，萬一走不成怎麼辦，這個人陰得很的……剩下的部分，已經與跳槽沒什麼關係了，基本屬於人身攻擊的範疇。

不知道B編輯的這個消息是否屬實，但是A編輯終歸沒有走。過了段時間，有一天B編輯沒來上班，我又跟A編輯一起去坐地鐵。路上，A神秘兮兮地對我說，你知道B的老公是做什麼的嗎？我說，不是自己開公司嗎？A說，說是自己開公司，實際上是只有兩三個人的工作室。我說，聽說很賺錢。A眼一瞪，聽誰說？不就是聽她說，這個人虛榮得不要不要的，她老公的公司根本就不賺錢，有時還要她用薪資補貼呢。她還說她家有大house呢，其實那個房子環境特別差，出門就堵車。我說，現在北京哪兒不堵啊！A說，可是她家那個地方離一個垃圾焚化場特別近，一到下午焚燒垃圾，味道特難聞。這些都不算什麼，關鍵是她老公對她不好，一吵架就動手打她，有一次把她的眼鏡都打壞了，她那幾天只好戴隱形眼鏡上班，你沒發現她氣色超級差嗎，都是靠化妝，一看就不是有錢省心的命……。

我聽得瞠目結舌，平時光鮮漂亮的B編輯在A口中簡直是活在地獄裡啊，住在垃圾場邊，老公吃軟飯，動不動還被家暴，這日子還有辦法過嗎？

幾天後，雜誌社公布了一個消息，主編離職了，要在內部評選一個新主編。我恍然大悟，A和B都比我資深，都有希望當上主編，她們突然一反常態地攻擊對方，是想拉最沒希望升職的我站在她們那一邊，在評選的時候投她們一票。

我有點心涼，原來一直以為團結和睦的「三人行」，實際上是一個勾心鬥角的小團體。

・・・

多年前，我還在讀中學時有兩個好朋友，我們三個幾乎是形影不離，親密到無話不說，可是，我和其中一個女孩單獨在一起的時候，總是有意無意地說另一個女孩的壞話，我們說她臉型長得不好看，頭髮顏色太黃，說她太邋遢，課桌總是亂亂的，校服一週才洗一次……後來，不知道什麼原因，這個女孩漸漸與我們倆疏遠了，再後來她去西安上大學，與我們徹底斷了聯繫。

多年以後我問自己，那時候是怎麼想的？為什麼那麼樂於講自己朋友的壞話，對她的小缺點津津樂道，對她生活中的一些不如意幸災樂禍？難道我是想藉由攻擊一個朋友，而拉近與另一個朋友的距離？還是擔心某天她們兩個走得太近，把我排斥在外？我在三個人的關係中，有隱約的危機感？

這一點，被心理學家證實了。心理學家認為，很多時候，攻擊別人是一種心理手段，因為分享憎恨比分享快樂更容易拉近兩人的心理距離，是新關係建立的關鍵。所以，如果再有人在你面前瘋狂吐槽他人，也見怪不怪了，反正我們每個人，早晚都會成為被吐槽的對象。

心理學家曾經公布了一個研究結果，當遇到威脅和壓力時，除了戰鬥或者逃跑，人們還有一種應激反應，就是結盟。危急時刻，有些人傾向於聯合互救，一起渡過危機。

對於這些人來說，在群體中的盟友關係是非常重要的。如果在一個群體中沒有盟友，那就意味著自己是在孤軍奮戰，頓覺失掉力量和安全感。所以，他們害怕被群體拋棄，害怕被盟友孤立，要努力地和群體中的每個人建立聯結。

作為盟友，我們有共同的秘密，有共用的資源，有可以分享的情緒，而且最重要的是，孤立共同的「敵人」，使我們彼此的關係更加親密。攻擊別人成為建立盟友的有效手段——這意味著咱們倆是一個戰壕裡的。

越是喜歡攻擊他人的人，越是說明他在群體中沒有安全感。擔心自己成為那個被孤立的人，要先下手為強，組建自己的強大同盟軍。

我們暫且先不談一旦不幸被「攻擊」該怎麼解決，先聊聊自己怎麼做到不去「攻擊」別人，經營一個真正充滿愛的聯結的人際關係。

與其像後宮劇中揣著一萬個壞心眼兒的小主一樣，整天忙著勾心鬥角，不如先學習從良好的人際關係中獲得溫暖、愛、歸屬與安全感，因為這才是我們內心深處最需要的慰藉。

・・・

熱衷於勾心鬥角，往往並不是因為當下的問題只有靠勾心鬥角才能解決，而是因為自己內心缺乏安全感。據說一個人一歲以前的生活經歷對其安全感的形成至關重要，但是，我們不可能回到一歲前被母親重新養育一遍，成人世界的安全感只能靠自己去構建。

在獲取職場安全感的道路上，很多人都會誤會，覺得江湖如此險惡，沒有點心機怎麼混？近幾年，這方面的影視作品特別多，後宮劇中的女人們以命相搏，現代劇中的女人們爾虞我詐，似乎正正常常做人就會吃大虧似的，只有殫精竭慮機關算盡才能披荊斬棘一路踩著對手的屍體成為人生贏家。殊不知，人生不是詐金花③，沒有一手好牌，故弄多少玄虛也只是個小丑，一出手就會被人識破。

一個人把時間用在什麼地方，得到的回報自然不一樣。如果能夠從那些狗血劇中抽身而出，如果把那些搞辦公室政治的時間，打探小道消息的時間，攀附關係的時間，說別人壞話的時間，都用來提升自己，以不足的安全感作為動力，去爭取些東西，給自己加碼，拿一手好牌，回饋給內心，來增強自己的安全感——你就有機會在競爭的過程中，逐漸變成一個很棒的自己。你覺得自己的能力變強了，自然也就不那麼焦慮了。

③ 中國一種非常盛行的多人紙牌遊戲。

．．．

內心變得從容篤定以後，再回過頭來，重新審視自己的人際關係，重新定位自己在關係中的位置，是一個勾心鬥角的反派敵人，還是一個值得信賴的朋友？

好的人際關係離不開雙方的信任和互相支持。怎麼才能取得對方的信任並獲得支持呢？我曾經向一位人際關係方面的演講大師請教過這個問題。

答案其實很簡單：請他幫忙。從心理學上說，人都有助人的需要。找一件無關緊要的小事請他幫忙，回頭再去致謝，一來一往，關係就拉近了很多。與其靠詆毀別人來結交盟友，不如在互幫互助中變得親密。或許你有自己更好的辦法和方式，但我們的原則肯定是一樣的，用更積極的手段經營人際關係。良好的人際關係是社會支援系統的重要組成部分，建立一個充滿愛的聯結的支援系統，內心的孤獨感才會減少，安全感也會隨之增加。

總之，克服負面情緒、與不安全感和睦相處、努力提升個人能力和積極維繫人際關係。如果能做到這四點，絕對就是一個成熟的職場人，不卑不亢，不憂不懼，越來越順利的職業生涯就會在你面前，緩緩地鋪陳開來。

你努力的樣子，看起來好美

在網上看到一則新聞，某市把各個路橋的收費站取消了，本來是件大快人心的好事，卻有人傷心地哭了。誰？收費站的工作人員。

收費站取消了，收費員也就失業了。雖然按照《勞動法》[4]，國家給予了經濟補償，但畢竟失去了長期的飯碗，這些人把領導團團圍住，要討一個說法，其中一個中年女子振振有詞：「我今年三十六了，我的青春都交給收費站了，我現在什麼也不會，也沒人喜歡我們，我也學不了什麼東西了。」

言外之意，我這一生只能收費，如今無費可收，我的職業生涯就到了盡頭。

④《中華人民共和國勞動法》是為了保護勞動者合法權益的法律。

這種新聞，不知道該算新聞還是笑話？

一個三十六歲的人，怎麼好意思說出「我也學不了什麼東西了」，而且，覺得自己在未來的道路上，根本不會被別人喜歡和歡迎。她的問題根本不在於年齡，而是在於她從做收費這份工作的第一天起，就不打算再學習任何東西了，她這一輩子吃定收費這碗飯了。有人說，體制內的「鐵飯碗」給了她穩定和安全的錯覺，所以在變化來臨的時候才猝不及防。

所謂「鐵飯碗」，不是在一個地方吃一輩子，而是走到哪兒都有飯吃。

在這個瞬息萬變的時代，一個不學習、不成長的人，幾乎沒有抵禦變故和風險的能力。給他們一個金飯碗，也未必端得穩。

我認識的作家韓松落，曾經也是一個體制內的公務員，除了上班，他的業餘時間幾乎都用來讀書寫作，他寫影評，寫娛樂，寫專欄，漸漸地有了些名氣。同事都不知道這個整天跟他們一起上下班的小夥子，就是雜誌上那個很有名的專欄作家。寫作除了帶給他更加豐厚的收入之外，還給了更加高遠的視角，他想了想，主動扔掉了自己的「鐵飯碗」，投身到更廣闊的天地中去了。

他說，自己一開始也走得磕磕絆絆，把香港ＴＶＢ寫成ＴＢＶ，這種常識性的錯誤，編輯提醒他的時候，他羞成大紅臉。潛下心來認真鑽研，十幾年寫下來，已經寫得遠近聞名，但他本人仍然沒有停止學習。

同樣都是體制內的人，有人就能跳出安逸的環境，給生活引入活水，為生命創造更多的生機，而有的人則越活越枯萎，把自己局限得越來越死。

・・・

我們知道，孩子的學習能力通常都很強，因為他們有一顆好奇心，對世界充滿了探索欲。

每個孩子在生長發育的過程中，一直保持著一種生發之勢，他們的生命就像春天一樣，萬物萌發，生機勃勃，這種勢頭一直保持到成年。

在我看來，在生理上停止生長之後，還有一種方法，能讓每個人繼續保持生發之勢，向上生長，不斷挑戰衰老的極限，那就是學習。

當一個人放棄學習，也放棄成長了，他的生發之勢就沒有了，自然就只剩下頹勢了。

如果一個人對新鮮的事情不再有好奇心，不再感興趣，甚至開始抵制，也不想再學點什麼新東西，解鎖什麼新技能，那麼他就走上了衰退之路。一個人變老不是從長第一道皺紋開始，也不是生出第一根白髮開始，是從不再有學習欲開始的。所以，羅曼．羅蘭才說，很多人在三十歲時就死去了。

終身學習是永保青春的唯一方法。

不信的話，你可以留意一下，那些在生活中學習能力很強的人，看起來都比同齡人年輕。

比如說我爸，是一個典型的「不服老」的人，他最討厭別人把他當成一個老朽來看待，不但在穿衣風格上貼近年輕人，還緊跟時代的新事物，生怕一不小心被甩在後面。

有一次，我心血來潮想搞個惡作劇，把手機和電視設置成雙螢幕互動，在樓上用手機遙控電視，我爸在樓下的客廳裡哇哇大叫，他看電視螢幕胡亂切換，以為電視壞掉了呢。

被我捉弄之後，他很氣憤，第二天就把老年手機換成了智慧手機，一個月後就玩得很溜了。

現在他是社區老頭裡的紅人，誰想下載個APP，在網上購個物，給手機改個設置，都來找他。

前幾天，他還開了個微信公眾號，圈了一幫老年粉。

・・・

我認識的一個姐姐，學的是小語種外語⑤，一天英語也沒學過，本來也沒覺得什麼不好，沒想到大學畢業沒幾年，不懂英語的人就成了半文盲，姐姐發現，她真的落伍了，連三歲兒子的英語都輔導不了。

一次偶然的機會，我和她一起去大學校園裡參加一個活動，主持人邀請大家互動做遊戲，其中有很多都是剛來中國的外國留學生，對主持人說的話聽得似懂非懂，一臉茫然。我發現這個姐姐坐在牆角，一直在跟她身邊的外國妹子嘀嘀咕咕，挺好奇她們在說什麼，走過去一聽，下巴差點驚掉，姐姐逐字逐句地把主持人講解

⑤ 指英語以外的其它語種。

的規則，用英文翻譯給了外國妹子。

回家的路上，我問她：「一個連二十六個字母都沒學過的人，怎麼突然飆起了滿口英語，你難道『歪果仁』附身了？」

姐姐說：「隨便學了學，沒辦法，為了輔導孩子，你不知道現在養小孩有多麻煩，每次上完英語課，老師都要留作業，需要家長輔助進行英語對話，拍成視頻發給老師。」

「隨便學了學就能進行口語交流，肯定有什麼妙招吧？」

「哪有什麼妙招，我對自己的要求也不高，畢竟三十好幾了，也學不好了，能開口說說就行了。」

有多少人學了好幾年還是啞巴英語，她這麼謙虛是不是故意得罪人呢？

「怎麼學的？」我腦補出頭懸樑錐刺股的畫面。

「有時間就看美劇，《慾望師奶》十季看上幾十遍，把每句臺詞都背下來，再跟著網路課程學學語法，這樣就差不多了，我也不參加什麼考試，就偷偷懶吧，如此而已。」

整整十季的《慾望師奶》看了幾十遍，把每一句臺詞都背了下來，這絕對得是兩年以上鍥而不捨的功夫，這還叫偷懶？

這個姐姐，和我爸，他們都是同一類人，雖然都普普通通，但是學習力超強，令我特別敬佩。雖然這種學習力，不一定能讓他們取得什麼耀眼的成就，但是在人群中，絕對能夠脫穎而出，讓他們始終能跟住時代的腳步，生活得有滋有味。

時代一直在變化，什麼樣的人能不懼怕風雲變幻，始終在時代舞臺上活得遊刃有餘？自然是一直在學習，能夠自我更新，自我迭代的人。透過終身學習，你一天比一天好，一天比一天強，不害怕老之將至，也不擔憂生活中會出現天塌地陷的事故，因為你手裡握著鎮山法寶，足以讓你活得從容篤定。這個法寶，就是學習和成長的能力。

人在江湖，最高的城府是返璞歸真

Nina大學畢業，正在找工作，她問表姐，什麼是職場？表姐說，職場就是一個濃縮的小社會，你在社會上遇到的事情，在職場中都可能會遇到。要搞好職場的人際關係，說難也難，說簡單也簡單，有時候只要你搞定與身邊十幾二十個人的關係就OK了。

Nina心想，憑自己的高EQ，搞定十幾個人輕而易舉，進入職場，雖然不敢說是如魚得水，但至少也不會舉步維艱吧。

懷著這種滿滿的信心，Nina進入一家知名的電商企業工作，跟表姐在一個公司，不過不在一個部門。很不幸，初入職場，她還真就是舉步維艱。她之前在想像中醞釀的那些狡黠的小計謀、小策略、小花招，統統都用不上。感覺自己像被人客客氣氣地扣進了透明的玻璃盒子，沒有人進來，她也出不去。從上司到同事，對待她的態度都是一樣的——不理不睬。上司分配的工作，一個人很難獨立完成，但沒人配合她。在公司的微信群裡，就算她插嘴，她的發言下面，必然也是一片默然。

每次的辦公室聚會她都硬著頭皮參加，擔心不參加會讓自己更加被孤立。可是不但吃自助餐時被晾在一邊，就連大家吃火鍋的時候，她也是那個頭上頂著隱形草的透明人。這種說不清道不明的感覺真是讓她委屈死了，就算被打入冷宮的妃子也不過如此了吧？她不知道該如何改善這種情況，好像每個人的眼光在她臉上輕輕瞥一下就掠過去了，那種疏離的眼神清清楚楚地告訴她，你這種菜鳥跟我們壓根兒就不是一個等級的，我們鬥都不屑跟你鬥。她本來以為自己就算當不上主角，也應該能混個配角吧，結果卻發現自己只是個跑龍套演死屍的，那種挫敗感就別提了。

捱了兩個月，Nina 覺得自己渾身的力氣被消耗得差不多了，被折磨得內分泌失調。她陷入了深深的迷茫和沮喪中。終於在一天晚上，她跑到表姐家痛哭流涕，哭訴人情竟是如此淡漠，人生竟然如此淒涼，遍地蝨子，沒有華袍。表姐啼笑皆非，不明白她上個班怎麼還上得這麼悲壯。

剛入職就遭遇了職場冷暴力，Nina 到底做錯了什麼，這醋打哪兒酸，鹽從哪兒鹹呢？表姐看著Nina哭得梨花帶雨的樣子，決定出手幫她一把。

表姐到底比Nina要老練多了，她一出馬，很快就搞清楚了狀況。原來事情是這樣的，Nina上班的第一天，是個週五，早晨一到公司，她就發現辦公桌上放著一小袋喜糖，問了別人，原來是公司人力資源部的劉小姐要結婚，邀請同事們參加第二天的婚禮。Nina覺得自己剛來，還不認識劉小姐，這事兒跟自己沒什麼關係，就沒放在心上，自然也就沒去參加婚禮。

她不知道，跟她同一天進公司的三個新人都去了，而且每人都送了一個厚厚的大紅包。劉小姐在公司的職位雖然只是一個普通的HR，但她與老闆的私交非常不普通，她是公司的元老，為老闆組建團隊立下過汗馬功勞。在工作上，她以脾氣火爆、鐵面無私而著稱，在對員工追責或者炒魷魚的時候，一個唱紅臉，一個唱白臉，是她與老闆多年來的默契。除了Nina這種新人，公司每個人都知道劉小姐的江湖地位，星期一上班，劉小姐稍一流露出對Nina的不滿，所有擅長察言觀色的職場老鳥們，立刻齊刷刷地站在劉小姐一邊，集體冷落了Nina。

聽表姐說完來龍去脈，Nina長吁短嘆，才知道自己還是太稚嫩了，看來職場真是一個講究等級的地方，不小心得罪了一個人，就等於得罪了所有人。老闆的紅人PK新來的小妹，大家會站在哪一邊？這個問題的答案，想都不用想。而像劉小姐這種資深的小心眼兒女人，真是令人防不勝防，稍不留神就踩著她的尾巴了。

Nina也是個聰明的姑娘，知道了事情的原委之後，馬上就有了主意。既然這個劉小姐愛占便宜，那就給她點兒便宜占占。

第二天她沒去上班，請了三天假，說在昆明的舅舅生病了，要去探望，其實她壓根兒就沒有舅舅。在家裡捧著薯片看了三天韓劇後，她抱著一大堆東西去公司了。先送給劉小姐一大包，裡面有普洱茶、酸甜角、精油……各種雲南特產，就差沒有雲南白藥了。至於其他同事，Nina也在每個人的桌子上放了一袋鮮花餅。當然她沒去雲南，這些東西都是在網上買的。

火腿的味道不錯，普洱茶也是多年的熟普，泡一杯是晶瑩剔透的琥珀色，看著心裡就透亮，精油也是上好的，這一包東西可有點兒小貴呢。劉小姐的臉色稍一和緩，其他同事也就不願意為難小姑娘了，誰也不願意給自己招仇恨不是嗎？何況鮮花餅的味道也不錯呢！

…

一個滿懷熱情的新人，剛剛踏入職場，就迎頭遭了一棒，還真是人生的一大挫折。不過，作為一個職場新鮮人，Nina 確實不簡單，四兩撥千斤，輕鬆化解困境。

人在江湖，誰都不是金剛不壞之身，經過此事，Nina 長了教訓。她以前對於所謂的心機、城府、世故都特別不屑，她也不是不捨得給劉小姐送個紅包，只是覺得沒必要放下身段敷衍。現在 Nina 明白了，她不能期望每個人的想法都跟她一樣，有些人就是喜歡情意充沛禮尚往來的感覺。Nina 從此學會了遇事多想一想，看看別人都怎麼做，再決定自己怎麼做。這並不代表她從此學會了逢迎和圓滑，在一些必須堅守的事情上，Nina 從不放棄原則。日久見人心，漸漸同事們都喜歡上了這個姑娘，說她既有個性又懂事。

要知道，在如今的社會，說一個人「不懂事」，已經是一句很重的話了。所謂的「懂事」，就是懂人情世故，知道規矩禮數。如果你心思淺薄，只活在自己的世界裡，不在乎別人的感受，只能讓他人反感，又談何「雙贏」呢？

一直以來，城府就是一把雙刃劍。人們一直有一種理解，認為一個人沒城府是優點，越沒有城府越真誠，越招人喜歡。可沒有「劍」的人，遇到危險時無法自衛，除了乞求對方不要拔劍，或者練就天下無敵的逃生輕功，還有別的辦法嗎？城府其實是防身的武功，你可以不用，但不能沒有。

生活就像萬花筒一樣，變幻出讓人眼花繚亂的狀況，世界也從來不像我們曾設想的那麼簡單，既然無法終日躲在安全的殼子裡，為什麼不能正視並適應這個世界呢？一旦明白了世界是複雜的，人性是複雜的，我們就擁有了寬容與智慧，城府可以讓我們遊刃有餘地行走其中。

不是每個人都能修煉出城府的，就像不是每個學武的人都能練成大師。但是肯定有很多人，因為太過沒有城府而吃過苦頭。

最有城府的人，是能夠將一切盡收眼底，取精華，去繁複，遇事沉著，行事簡潔，更為重要的是，還能在這種坦然與冷靜下，保持輕鬆和單純的心態。

要想達到這種境界，必須有足夠的善良和睿智，才可以在掌握一切技巧之後，在擁有度量、謀略和權威的同時，依然保持單純的心態，內心向陽，正直純粹，知世故而不世故，歷圓滑而彌天真。

CHAPTER 6

／生活／

人生的苦惱多來自複雜，人生的快樂多源於簡單

不戀過往，不畏將來。

把一切都獻給現在。

將來的你，一定會感謝現在簡單的自己。

品味很簡單，只要合適就好

很多年前，我跟幾個姑娘合租在北京四環邊的一間樓中樓裡，我住二樓的閣樓，冬冷夏熱，空間狹窄，但是因為房租便宜，就一直湊合住著。

條件差點還好說，最讓人難受的是室友們的生活習慣。有個姑娘非常不拘小節，經常把襪子泡在別人的洗臉盆裡，甚至隨手用別人的牙刷刷牙。

我氣不過，天天晚上在被窩裡抱著手機吐槽，長篇累牘地在論壇裡發帖，控訴自己的不良室友，倒是引起一片共鳴，好多人跟帖抱怨自己的室友。

有天我突然想，與其整天在網上吐槽而於事無補，能不能想辦法改善一下？

這個時候，北京的很多建案都推出了單身公寓的案型，面積很小，但是地段都不錯，精裝修，拎包入住，非常方便。我決定貸款買一個這樣的小房子，結束租房生涯。

得知我的想法之後，有個朋友大吃一驚，他說：現在買房子不是瘋了嗎？不要買，不值，相信我，房地產市場就是泡沫經濟，房價早晚要一落千里。

我猶豫：可是租房也很不方便……。

他說：湊合湊合吧，年輕人哪有資格享受？人的眼光要長遠。被他這樣一說，我頓時糾結。考慮了幾天之後，還是想通了。

我買房子不是為了投資，僅僅是簡單地想對自己好一點，在能力範圍之內，努力讓自己活得舒服一點。新房子地段好，能省下一半的通勤時間；案型好，有大大的落地窗和充足的陽光。以後就算房價降了，差價就算為提高的生活品質買單了吧。一咬牙，我就買了這套房。時間過得很快，房價不降反升，幾年後又攢了一些錢，我把小房子賣掉，換了一套大的。就這樣誤打誤撞，並沒有太吃力就給自己安了個小窩。

我那個朋友一直沒買房，後來兒子出生了，父母過來幫忙帶孩子，一家人擠在出租屋裡。當年手裡握著的錢尚能付個首付，如今連幾平米都買不到了。房租也隨著房價水漲船高，跟我的房貸相差無幾，生活越來越難以湊合。

看，湊合的人生觀真的是要不得。所謂湊合，就是不珍愛自己，敷衍自己，不把自己當回事兒。如果一個人自己對待自己的生活都如此馬馬虎虎，得過且過，又怎麼能指望生活回饋他更好的結果呢？

．．．

我原來養過一隻貓，名叫臭咪。養過貓的人都知道，喵星人是非常挑剔的。喵星人的辭典裡沒有「湊合」這個字眼。如果它認定了某個牌子的貓糧，你只能屈從於它的選擇。如果你偷懶沒給它換貓砂，也不要指望它「老人家」能湊合一下，它可能會借用你的洗手間，甚至會便便到你的床上。

有本書叫《下輩子做貓吧》，書中有這樣一段文字：「我們是不是有點太挑剔了？不是的。我們知道自己喜歡什麼，也知道自己不喜歡什麼。對於我們不喜歡的二流貨色，我們絕不姑息。」

貓是有品味的，在網路上，貓永遠都是一大流量入口，因為貓的性格恰好符合人們要打造的品質生活的定義。

可是我們人有的時候，品味還不如貓。

家裡有一個長輩，有一次看見我煞費苦心地挑選一盞智能燈，對我說：我勸你算了！世上的東西，只要給你帶來一個方便，必然伴隨著一個麻煩，還不夠伺候它們的呢！

我一聽，心知這位長輩平時必定是廉價和劣質的東西用多了。沒錯，壞東西絕對是你伺候它，但是，好東西絕對是它伺候你。

我買了好幾個智慧感應燈安裝在樓梯的牆壁上，晚上上下樓特別方便，從來沒感覺到它們給我帶來了什麼麻煩。

恰恰是一直湊合，才是麻煩的開端。湊合得越厲害，湊合得時間越長，越容易麻煩纏身。

談戀愛的時候，明明覺得沒眼緣，大家都勸，年紀這麼大了，別一肚子羅曼蒂克的幻想了，接點地氣，湊合湊合得了。於是就湊合著結婚了，婚後發現更不合適，但離婚多麻煩啊，於是湊合著一年一年地過下去。

找工作的時候，明明這份工作不是自己喜歡的，收入也不算太高，但是一想「好歹離家近，也還算穩定」，於是就一年一年地湊合著幹下去，不然呢，跳槽不是更麻煩嗎？

買房的時候，雖然地段不太好，社區環境也一般，但是一想，「好房子價格多貴啊，還貸的壓力太大了，不如湊合一下吧。」入住後發現社區管理的服務不好，房子品質一般，但是換房不是更麻煩嗎？於是一年一年地湊合著住下去。

以上種種，皆屬於湊合的人生。問題是，今天因為這事湊合湊合，明天又因為那事再湊合湊合，導致一輩子都活在湊合之中。人生本來就很短暫，每一天都要好好地過，哪能總是湊合呢？

．．．

要想過上簡單高效的生活，「湊合」是必須消滅的大敵。有些事情，該講究就得講究，有些東西，該換就得換。

有太多湊合著過日子的人，實際上是缺乏勇氣的表現。不願改變現狀，是怕付出？怕花錢？怕失敗？須知你的時間和精力，付出不付出，都會流逝，早付出，說不定還能夠早一些得到收益。至於怕花錢，試圖依靠降低生活品質來省錢，真不如努力去賺錢提高生活品質更靠譜。

如果一個人的身心總是在湊合中感到不舒適，那麼他這一生必定活得不舒展。湊合是一種非常局促的人生觀，抱著這種觀念不撒手，格局永遠都會非常逼仄，又哪有什麼成功可言呢？

惠普公司歷史上第一位女CEO卡莉．費奧莉娜說：「我做任何事情，都要求自己達到第一流的標準。坐飛機我從來都坐頭等艙。飯店我也會選最好的。我的公司一定在當地最好的辦公大樓，這並不是我追求享受，我就是覺得那樣的地方才與我優秀的心思相配。」

就是這樣，環繞在身邊的一切造就了我們。我們吃的是精緻食物還是垃圾食品，決定了我們身體的健康程度；我們穿的衣服是精緻還是粗糙，影響著我們展現在人前的形象；我們挑選的伴侶，更是彰顯著我們的終極品味……。

精彩的人生，就是不湊合。人生就怕湊合，一湊合，標準就低了，志氣也就沒了，努力就不夠了。

告訴自己，你配得上優質的物品，你值得擁有最好的。堅持不湊合地過日子，生活才能越來越好。

過分的執念，是對自己的傷害

有一部美國電影叫《頂尖對決》，整部電影圍繞著兩個魔術師對魔術的「執念」而展開。

魔術師安傑與波頓都被某種偏執所束縛：一個內心滿是仇恨，整天想著復仇，另一個則為神秘的魔術所沉醉。極端的偏執，造成他們無所不用其極，他們不停地鬥法，目的是為了戰勝對方，甚至是毀滅對方。

波頓追求魔術的極限，他認為魔術師必須一輩子去隱藏自己，欺騙他人，才可以使這個魔術永遠讓人看不穿。

而安傑本性善良，不願意殺生，即使魔術表演，也不願意殺死作為道具的小鳥，但是因為復仇意念太盛而走火入魔，最後也放棄了不殺生的信念。對藝術的執著本來可以讓兩人更卓越，但是過分的執著最終成了偏執，讓他們走上了瘋狂的不歸路。他們將自己封閉於陰暗的世界裡，甚至付出了生命的代價。

心理學家分析過，大多數人或多或少都會存在偏執的因子。偏執作為一種人格傾向，就像地心引力一樣令人無法抗拒。不過，恰到好處的偏執不但不是心理問題，反而會讓你成為理想的追隨者，讓自己顯得個性十足。

很多名人都是因為有些不同於常人的偏執，才達到了一般人難以企及的高度。盤點名人們的那些偏執軼事，簡直就是一串瘋狂大串燒。

比如畫家達利，是舉世公認的「偏執狂」，他自己說「我與瘋子最大的不同就是我沒瘋」，達利工作時採用的是著名的「偏執狂批判」——即用狂想方式進行創作。這種特立獨行的思維體系，讓他達到了事業的巔峰。

比如作家王爾德，這個十九世紀最另類的文壇才子，是個偏執的配色控，對配色有超乎常人的堅持，據說有一次用餐時因為餐盤的顏色與領帶顏色不搭，就立馬拂袖而去。

有這些名人做典範，偏執似乎成為形容一個人專注和有個性的正面評語，貌似大多數人都號稱自己有點偏執，環顧四周，時尚偏執狂、髮型偏執狂、美甲偏執狂、骨感美人偏執狂……偏執簡直就是無處不在。

但是，心理學認為，過分偏執絕對不是什麼好事。偏執是一把雙刃劍，往左偏，是執著，往右偏，則成了人格障礙。偏執的人往往會以自我為中心，自以為是、性情多疑，心胸狹隘，好爭鬥，敏感，對一些常人能夠容忍的事情或刺激，不但難以忍受，還會做出過激反應。這種性格往往導致其難以與人相處，成為別人眼中的「大麻煩」。

在人群中，他們總是特立獨行，自視甚高，總認為自己正確，錯誤都是別人的。善於詭辯，即使是有時理屈詞窮，還要強詞奪理。

陷入偏執走不出來的人，時間都浪費在鑽牛角尖兒上，手裡的選擇越來越少，腳下的道路越來越窄，就像鑽進瓶子裡的章魚。

生活在大海裡的章魚有一種特殊的生活習性，它們的身體非常柔軟，柔軟到能把自己擠進很狹小的空間，即使是一個很小很小的洞，都能夠鑽過去。漁民根據章魚的這一習性，將一堆小瓶子串到一起，然後扔進大海。章魚只要一見到瓶子，就會拚命地往裡面鑽，不管瓶口多麼細小。鑽進去以後發現被困住了，就用頭拚命撞擊瓶底，它們以為只要一直向前就能出去，不知回頭找找瓶口，最後只能成為瓶中之囚，被端上飯桌。

只要一個轉身，就能輕輕鬆鬆地出來了，真正困住章魚的，是它自己寧死不回頭的思維方式，而不是瓶子。

在生活中，每個人都難免會遭遇到「瓶子」困境，這種境況，困守不是好辦法，積極變通也許才能找到出路。如果在困境中還不肯放棄偏執的態度，無異於雪上加霜。所以，心理學家阿德勒說過一句話「吐口水，在他的湯裡」，意思是對於過於偏執的人，只有這樣做才能讓他放棄那碗湯。

偏執與執著最大的區別就是，你所謂的堅持並沒有讓生活變得更美好，更有意義，反而可能更糟糕，更虛無，你的心靈沒有感覺到充實和快樂，反而可能焦躁和痛苦。

這種情況下，扔掉你心裡那個海市蜃樓吧，不要讓它再沒完沒了地折磨人。接受真實的現實，接受當下的自己，有了這樣的覺悟，才能夠進一步改善和提升自己。如果我們的心靈無法變通，總是那麼固執和僵化，偏執就會像夢魘一樣，把生活變成一齣虐心劇；只要心念一轉，或許天塹就能變成通途。所謂一念地獄，一念天堂，即是如此。

往事如煙，好過往事如刀

同事給我講了一個故事，發生在她公公身上的故事。

她公公年輕的時候，在農村當民辦教師①，喜歡上了一個下鄉的北京知青②。那姑娘長得很美，頭髮又黑又長，編成兩條辮子，再用一種新奇的梳法擰在一起，在村裡引領了一股時尚，姑娘們紛紛效仿，稱為「北京辮兒」。

那個年代的知青戀情，大都是沒有結果的，隨著返城政策落實，北京姑娘回城了。一晃三十多年過去了，同事的公公一直牽掛著初戀（暗戀），有時提起還傷感不已，雖是陳年舊事，卻被歲月渲染得越發唯美了。

念念不忘，必有迴響。這句話還挺有道理。

轉眼到了微信時代，有一天閨密的公公發現自己被拉進一個群組，群組成員都是當年下鄉插過隊的老朋友，一個久違的名字，赫然進入他的眼睛。網路的威力真不是蓋的。天涯若比鄰。同事的公公激動地撥通電話，兩人聊了三個小時，聊得淚眼模糊。

放下電話後，同事的公公更激動了，原來不是天涯若比鄰，而是真正的比鄰。北京姑娘回城後當了醫生，退休後又被某醫院返聘。因為兒子定居在北京，同事的公公也搬來好幾年了。北京姑娘工作的醫院，距離他家不到一公里。真是無巧不成書呢！

老頭兒精心打扮一番，興沖沖地去見初戀。故事到這裡就戛然而止了，讓我真心急！

後來呢？我問。

見光死。同事笑道。

---

① 是指在中國的中小學中，不列入國家教員編制的教學人員。
② 從一九五〇年到文化大革命結束，自願或被迫從城市下放到農村做農民的年輕人，就是知識青年，簡稱知青。

誰說歲月從不敗美人？當年的窈窕淑女，如今腰圍三尺二。就算再怎麼進行畫面重構，老頭兒也沒法把眼前的胖大媽跟心心念念的夢中情人對上號。

同事的公公自此放下了一件大半生的心事，他再也不喜歡她了。也好，心無掛礙，難得自在。

我說：呃，我猜中了過程，但卻沒有猜中這結局。有些情結，真的不能解，一解就變成死結了。

．．．

我的另一個同事，給我講了另一件事情。

她上中學的時候，與校草兩情相悅，兩人顏值都高，走在一起很有回頭率。少年容易輕言離別，有情人難成眷屬。多年以後，一天深夜她突然收到神秘來電，手機那邊聲音未老，隔著冗長的光陰，她立刻就聽出了那是誰。

對方說，找了她很多年，千難萬難，最近才得到電話號碼。來北京出差，想見見她。

你在哪？她問。香格里拉。

她的心猛跳幾下。她住在紫竹院路，站在十五樓的天臺上，就能看見那家酒店的燈光。

太晚了，我沒車，也不好打車，天氣太冷了……她胡亂地說著理由。你不用出來，我去找你，你住哪兒？

你來找我？可是我不方便出門。

對方有點急了：真的很想見你一面，告訴我你住哪個社區，我在樓下等你，就見五分鐘好不好，扔個垃圾的時間。

她無奈地說，我準備一下，過一會兒打給你。掛了電話，關機。

我很不以為然，都是成年人，見一面又有何妨，就當老友重聚，與往事乾杯。生死不見，反而顯得有點大動干戈。

她說，你不懂。你知道我當年多好看。用京劇念白腔說，少年，待我長髮及腰，你沒有娶我，今日就不要來找我。

又狠狠地說，我絕不會給他目睹一個青蔥少女變成憔悴大嬸的機會！

我明白了，這才是重點。

實際上，那天晚上，站在陽臺上，對著酒店的窗戶，她也長吁短嘆，傷感了大半夜。

……

多年不見的昔日戀人，最好不要重逢。

多少人愛你青春歡暢的時辰，

愛慕你的美麗，

假意或真心，

只有一個人愛你那朝聖者的靈魂，

愛你衰老了的臉上痛苦的皺紋。

這樣的愛情，基本只存在於美妙的詩歌中。

真正的愛不是該生死相隨，永不變心，即使你變成豬頭，我還是會愛你的嗎？

實際上，這只是一個美好的願望。

所有的相遇都是久別重逢，所有的久別重逢都是一種考驗。誰也別高估自己，更別高估別人。

只有與你長相廝守的人，才不會對你變老這件事感到那麼驚愕。既然當初不能在一起，就不要再存任何執念，就像掐掉一根快要燃盡的香菸一樣，斷了這個癮頭吧。無論多麼不捨！

有時候，比扔幾件舊東西更難的，是情感上的斷捨離。精神上的極簡，才是人生最大的奢侈品。

有時候，讓你不快樂的，恰恰就是那些不該滋生的妄念。

但如果緣分已盡，還是及早放手為好，否則只會傷人傷己，既沒有美滿結局，又耽誤了大好年華。

一把年紀，誰還沒點故事，但是成熟，就是要學會翻頁。在一個極簡的人生裡，不應該擁擠著那麼多前塵舊事。

該過去的就讓它們隨風而逝，該遺忘的就不要再任憑它占據有限的內心空間。即便是他曾在你心中留下難以磨滅的烙印，即便他曾是你衝動的開始，即便那些事情曾令你心碎。有人說往事如風，有人說往事如煙。如果是這樣，一縷清風和一縷輕煙有什麼好在意的呢？

很多時候，往事是自己種在自己心裡的蟲。一味沉淪，只是給自己找了一個悲傷惆悵的理由。弄不好，本應該淡忘的往事還會變成凌厲的匕首，給今天的你再添一道傷口。

讓我們學會放下吧，往事如煙是最好的結局，總好過往事如刀。

你只是看起來很努力

在朋友圈裡看見有人發新年的心願，第一條就是：不熬夜！為什麼要說睡眠的事情呢，因為睡眠時間占據了我們三分之一的生命，影響著我們的生活方式，甚至影響著我們的生活品質。一個人活得如何，怎麼能避開不談睡眠這件大事呢？

以前，有人問我每天幾點睡，我說那得取決於手機什麼時候沒電。

科比有句名言，「你知道洛杉磯凌晨四點是什麼樣子嗎？」，「凌晨四點的洛杉磯」代表的是科比的努力，凌晨四點的北京，代表的是我的熬夜。如果有人問我見過凌晨四點的北京嗎，我只能說都看膩了，那常常是我準備上床睡覺的時間。

對於大多數上班族來說，私人生活從下班後才開始，雖然身體可能有些疲憊，但還要繼續熬夜上網、看書、看電影、聚會……非要熬到凌晨一兩點才上床，這正是「晚睡強迫症」的典型表現。有什麼辦法呢？除了從睡眠中擠壓出一點時間，沒有別的時間可以來做這些事了。某健康論壇曾經做過一項名為「你有沒有晚睡強迫症」的網路調查，數千名網友參與調查，根據列出的多項心理「症狀」，其中七成人選擇「有」。

心理專家從「晚睡強迫症」中總結出三大典型症狀：

其一，白天忙工作，晚上忙放鬆。人在職場，身不由己，壓力重重，當牛做馬，只有下班後的時間是自己的，應該好好放鬆才對得起自己。於是，下班回家後，會玩到凌晨一兩點，天亮了還是按時起床上班，帶著布滿血絲的眼睛，哈欠連天地走進辦公室，然後不斷靠喝咖啡、濃茶或者抽菸提神。

其二，零點前無精打采，零點後精神抖擻。有時候在午夜十二點前也會犯睏，但就是撐著不睡，過了最睏的時候，精神就來了，想睡也睡不著，看書、寫文章、和同樣有晚睡習慣的朋友上網聊天，忙得不亦樂乎。已經習慣了把事情拖到晚上來做，白天上班滿臉倦容、注意力無法集中，工作不拖到最後一刻不做出來，萬一有特殊情況就手忙腳亂……有時候會為自己睡得太晚、沒有早點完成工作而後悔，可第二天又會不受控制地向深夜靠攏。

其三，直到累得不行才上床。晚上回家後，困倦感立刻成了亢奮，開始上網，或者看小說看電影。打遊戲總想著「下一局就是最後一局」，看連續劇想著「看完這集就睡覺」，結果每次都食言。將熬夜當成習以為常的事情，非要等到身體勞累得不行才戀戀不捨地進入夢鄉。

……

「晚睡強迫症」與失眠有本質上的區別。

失眠是想睡睡不著，強迫性晚睡則是逼著自己保持清醒。通常情況下，強迫性晚睡者並非被生理逼迫而是一種心理需要。

晚睡強迫症也是睡眠障礙的一種，從健康角度來看，是一種不折不扣的健康風險。美國國家健康研究中心的研究成果表明：熬夜是人們向自己健康欠債的一種「賭博」行為，籌碼就是「睡眠」。英國心理學專家也認為，睡眠是僅次於健康飲食和體育鍛鍊的一項直接影響人健康和長壽的因素。多睡一小時，你得到的不只是工作時更加充沛的精力，還有可能挽救你自己的健康。

這種自虐般的晚睡強迫症是怎麼造成的呢？心理專家指出兩大主要原因，第一是很多人需要用這種「我的時間我做主」的感覺，進行一種心理上的自我肯定。對很多人來說，白天的時間表被工作排得滿滿的，時間無法由自己掌控，只有到了晚上，才有真正屬於自己的時間，做自己喜歡的事情，掌控自己的時間，正是自我肯定的一個表現。

第二個原因是，為壓力找個宣洩出口。白天頂著壓力為生活奔忙，身心疲憊精神緊張，晚上更需要一點興奮和刺激，如泡夜店、玩遊戲等來發洩壓力，緩解心理上的疲勞，但是這些刺激卻讓人興奮，不思睡眠。

．．．

「晚睡強迫症」是大多數都市生活的人都有的睡眠危機，要撕掉這塊狗皮膏藥，還得講究點技巧。心理專家推薦了一種名為「暴露不反應」的方法改善晚睡強迫症，這是行為療法中的一種，可以讓人避免習慣性的強迫行為，而以新的、健康的行為取代。比如讓一個患有潔癖的強迫症病人摸髒東西，而不去洗手，他的焦慮情緒會在三十分鐘後自然消退。

改變腦部的生化變化，來減少強迫性衝動可能要花上幾週或幾個月的時間。若想在幾分鐘或幾秒鐘內趕走強迫症狀，是會讓你失望的。在行為治療當中首先要學習跟自己對話。到了晚上，明明應該上床睡覺時，你的大腦卻通知你說：不能睡，你應該……。這時候，你要明白：「這是我的強迫性思考！這不是我，這是強迫症在作祟！」

然後將注意力從強迫症上轉移開，即使是幾分鐘也行。首先選擇某些特定的行為來取代強迫性不睡，例如看幾頁書，喝杯熱飲，洗一個熱水澡，點一些助眠的香薰，任何能幫助你睡覺的事情都可以。當大腦再次提醒你說，現在不能睡，不要陷入習慣性的思考，必須告訴自己：「我的強迫症又犯了，我必須做其他的事情。」一你可以決定「不要」對強迫性的思考做出反應，你要做自己的主人，不要做強迫症的奴隸！

堅持按照這樣的步驟進行，你會慢慢地發現，自己能稍微早一點上床睡覺了。如此堅持下去就會漸漸恢復正常的睡眠時間。什麼天天加班，熬夜，如果努力就能成功，富士康流水線上工人個個都比你強。

最後，切記一切從今晚開始。破解晚睡強迫症，千萬不要等到明天。我們早已習慣了對明天許諾，向明天賒帳，總以為未來的自己可以改掉現在的惡習，把賭注都壓在了明天。渾渾噩噩地晚睡，渾渾噩噩地醒來，渾渾噩噩地開始每一天，一輩子疲憊不堪地過去，這可不是我們設想的人生。

簡單生活，才是真正的優雅

記得很多年前看小說《飄》，郝思嘉姐妹赴宴前，黑人保姆總要逼著她們吃點心。當時讀到這裡，不知何意，後來才明白，一個淑女不能有太大的胃口，在家裡先吃了東西，宴會上就只能再吃下一點點，顯得矜持優雅。

說到優雅，我覺得不管一個人是傑出還是普通，是悠閒還是忙碌，始終在生活中保持一種優雅的姿態，才是頂級的人生。

一個朋友曾經與我爭執過，她說沒錢沒時間的人，拿什麼來優雅？被生活壓力壓得快垮了，哪有心情去優雅？

她拿自己舉例，加班一整夜，早上餓腸轆轆，煮一包泡麵當早餐，被泡麵的熱氣一蒸，聞到自己臉上沒有卸妝的化妝品隔夜的香味，才想起還沒洗臉。她說她也想睡一個好覺，早晨坐在餐桌邊喝杯新鮮果汁，聽聽音樂看看電視，舒舒服服地吃頓早餐。她也不願意像個陀螺一樣轉個不停，還不是生活所迫嘛！

偶爾的忙亂誰都會有，但如果這樣的狀態成了常態，就得反思一下，為什麼把日子過成了這樣，是想永遠像個陀螺一樣轉下去，無暇停下來休息一會兒？還是找找原因，想想辦法把自己的生活改善、優化一下？

每個人都有過優雅生活的能力。能不能優雅，是自我意願的選擇。

如果非要說，我沒有時間到咖啡館坐兩個小時，捧著小杯子喝喝咖啡看看街景，或者沒錢去趟麗江，在客棧的小院裡曬曬太陽逗逗貓，我的生活就優雅不起來了。那只能說，你對優雅的理解太狹義了。

真正的優雅應該來自心智。無論過什麼樣的生活，只要沒有抗拒、沒有糾結，在自己的生活中享受簡單的平靜，並且尚有心力去感受著四季輪迴、花開花謝，就是很不錯的日子了。而現代人有太多的壓力和競爭，有太多的欲望和掙扎，也習慣了把簡單的事情複雜化，難得放鬆，也因此錯失了優雅。

所以，要想擁有優雅的姿態，首先要學會放鬆下來，把生活中無用的繁枝儘量剔除，簡單地生活。一般來說，人與人之間的關係越簡單、越純粹，生活中的目標越單純，雜念就越少，生活也就越幸福。

．．．

所謂優雅，不需要花多少錢，用多少時間，去過多麼小資的生活。如果沒有時間健身，那就在上下班路上多一點步行時間，儘量讓自己保持健美的身材；沒有時間去美容院，沒有錢買高檔的化妝品和時裝，總可以在家裡做做皮膚護理，儘量搭配好衣服的款式和顏色，出門的時候撐一把傘，讓肌膚少受紫外線的荼毒；戒掉不良的嗜好，培養良好的生活習慣，讓自己更健康清新，擁有更神清氣爽的宜人狀態；培養一個業餘愛好，閒暇的時候看一場電影，讀讀書，把房間整理得整潔舒適……這些，很容易做到吧？

很多人不拘小節，並不是因為做不到，而是覺得沒有必要。

一個姑娘告訴我，她有一次直接拒絕了一個相親對象，原因是對方吃飯太快。

吃飯太快也是毛病嗎？我問。

她說，如果兩個人都不能一起從容地吃一頓飯，以後漫長的半生還怎麼過？

如果沒什麼特別著急的事，狼吞虎嚥確實不好，不但不利消化，也有礙觀瞻。

我看過一篇文章，用很長的篇幅專門講以優雅著稱的法國人是怎麼吃飯的。雖然法國的生活節奏也很快，但無論是在餐廳，還是機場，都極少看到法國人一邊敲鍵盤，一邊大口大口地吞咽漢堡和可樂。法國人非常懂得生活，即使工作再忙，也會留出足夠的時間來享受美食。他們在餐館用餐的時候，即使吃的不過是一份普通的三明治，也會坐下來不慌不忙地慢慢享用。尤其是法國女人，在吃每一口食物的間隙，都會放下刀叉，停頓一會，只有當嘴裡的東西全都咽下去以後，她們才會再吃下一口，享受每一口食物帶給自己的樂趣。

一個人的言行舉止比容貌更容易引人矚目。有些人容貌，身材等硬體都不錯，可是一張嘴，一邁步，就不敢恭維了。不雅的坐姿，不雅的吃相，不雅的小動作等等絕對毀人不倦，看起來特別刺眼，即便是貌比西施貌若潘安，也得減分減到六十以下，根本就不及格。

我有一次參加一個集體婚禮，新人並排站在台下，等待入場，站在最外側的新郎，從攝影開始到入場，一直就沒有停過各種各樣的小動作，不停地打哈欠，揉眼睛，提褲子，也許他以為在外面候場，台下的觀眾就看不見他，卻沒發現有一隻攝影機一直對著他，結果全都顯示在巨大的ＬＥＤ螢幕上，引起哄堂大笑。

所以，得體的舉止應該成為生活中的一種習慣。

優雅不是一次特別場合的特殊表現，而是日常生活中諸多習慣的積累和培養，更多地表現在舉手投足之間。

英國作家塞繆爾・泰勒・柯勒律治在給孫子的信中寫道：「優雅舉止是一個人無私品質有目共睹的證據，在很大程度上源於心靈而非大腦。最佳的舉止莫過於渾然天成，沒有一絲做作的痕跡，並且完全處於忘我狀態，要警惕自己習慣中形成的任何馬虎隨便，從一開始就要抵制它。一個紳士即便自己獨處時也應該保持自律，不該聽任絲毫衣著或舉止上的怠慢，不可因為除了僕人沒人會看見他，穿著臥室的拖鞋就來吃早點。那意味著邋遢的開始，而這種邋遢本該在整理好凌亂的床鋪後開始吃早點時就終止。如果任由自己的肉體墮入低級的玩世不恭狀態，你的整個人格就會低俗起來。」

・・・

有一次，林肯親自面試一位應聘者，卻沒有錄用那個人。幕僚問他原因，他竟然說：「我不喜歡他的長相！」幕僚們覺得這不應該是理由，總統也是外貌協會的？況且林肯本人也不是多麼英俊。「難道一個人天生的不好看，也是他的錯嗎？」一幕僚問。林肯回答，「一個人四十歲前的臉是父母決定的，但四十歲以後的臉是自己決定的，他要為自己四十歲以後的長相負責。」

轉念一想，林肯這話也不無道理，就像我們中國人常說的「相由心生」。一個人的高矮、五官都是DNA決定的，但其談吐、舉止、文化、氣質等方面要靠後天的修煉才能完成，身體髮膚，雖然受之父母，但這張臉讓人看後是何感覺，還要發於己心。

你的生活過得怎樣，有時全寫在這張臉上。

人群中相貌一般但舉止優雅，氣質不凡的人有很多。即使不是天生麗質，我們也可以透過後天的元素為自己加分，這種內外兼修的魅力，比容貌的美麗更加打動人心，而且是一個人一生的光芒，歷久彌新，永不褪色，任時光也無法剝奪！

好的故事不會拖戲，好的人生必定簡潔

有一次，跟一個朋友一起聊天，他問我如果想跟十八歲的自己說一句話，會是什麼？

我想了良久，大概會說：放心吧！

我又反問他，他的答案是：對未來最大的慷慨，就是把一切都獻給現在。

這句話，突然讓我想起十八歲的一個冬日。

總有一些畫面，很深地刻印在記憶裡，沒有緣由，沒有因果，似乎像個隱喻，也似乎毫無意義，總之它們就是以一個場景的形式，在無數個被時間沖淡的記憶碎片中脫穎而出，被大腦頑固地保存下來。

那年我十八歲，剛剛離開家出來上學。寒假的某一天，天氣乾冷，我從北京一個叫「燕山」的郊縣，坐公車往市中心走。是早上的首班車，時間大概只有五六點鐘，沒有座位，我臨窗站著，為了避免在急剎車的時候摔倒，用手緊緊地扶著座椅靠背，車裡沒有空調，寒意從冰冷的金屬上傳遞到身體裡，像被灌注了冰水一樣，身體慢慢地僵硬起來。

初升的朝陽是水紅色的，又大又薄，就像剛從水裡浸過的一個圓圓的紗片，輕飄飄地綴在天邊，是一個看上去很濕潤的東西，不帶一點鋒芒。

突然間，我的心情變得十分不好，就像中了一箭似的，毫無準備地被一股巨大的悲愴擊中，淚水就像洶湧的海潮一樣從內心深處奔湧而出，以至於不得不仰著頭，才能避免淚流滿面。

十八歲，那麼年輕，眼神清亮，額頭光潔，臉上還沒有褪掉嬰兒肥，手裡還攥著大把的歲月，腳下還有那麼長的路。

似乎有一種預感，我覺得很多事情馬上就要與自己相遇，有用的與沒用的，有意義的與沒意義的，情願的與不情願的，要選擇，要堅持，要煎熬，有歡欣雀躍，也有心如刀割。未來那麼遠，無論前面是和風細雨，還是刀槍劍戈，生而為人，總得穿行一遍。

而我此刻，什麼都沒有，除了眼神清亮，額頭光潔，和一臉的嬰兒肥。好像突然就在那一刻，在一輛搖搖晃晃的早班車上，與自己單純幼稚的少女時代徹底脫離了。

彷彿知道自己，就要獨身上路了。

公車下了高速公路，漸漸地駛入市區。

太陽一路跟隨，在城市人行道上的樹枝間跳躍。

陽光漸漸地銳利起來，被那些高大樹木上繁密的枝杈，切割成碎金一樣的光芒，在車窗外閃閃爍爍。

一路大義凜然地仰著頭，一直到終點站，內心才慢慢平靜下來，恢復常態，從長椿街下車，繼續趕路。

多年以後，我理解了自己那一刻的悲傷。那是對未來的一種揣測和忐忑，甚至還有面對太多未知的輕微恐懼。很多感受，人只有在走過一段路之後，才能清晰地提煉出來，也許這就是成長。

生活就像一輛早班車，你買票上車後，甚至都不知道這趟車的終點到底在哪裡，也不知道會遇到什麼樣的旅伴，會發生什麼樣的事。你可能會為這一切感到不安。不過沒關係，你只要知道自己是一個什麼樣的人，自己的下一站要去哪裡，就足夠了。

人生最大的幸福，便是簡簡單單地活著，在什麼年齡就做這個年齡該做的事。

人在年輕的時候，想的太多反而無益。你要勇敢，完全不需要為未來擔心，這個階段最大的資本就是時間，在人生最好的年華，你要迎風飛揚，朝著自己的目標飛奔，活到酣暢淋漓。把那些阻礙、羈絆，都遠遠地拋在身後，給它們留下一個瀟灑的背影。

．．．

二十五歲那一年，我覺得自己的生活陷入了一個很大的低谷。其實所謂的低谷，也不過是同時失戀和失業而已。

我問自己，畢業才兩年，我就一敗塗地了？

回到闊別已久的家鄉，坐在午後的陽光裡，打開電腦，翻看自己最近幾年來發的微博。

從青澀到成熟，回頭再看青春，很殘酷，竟有些不忍心讀完。我動了動手指，清空了所有的微博。

挫敗和疼痛，該忘的就忘了吧。畢竟還有那麼多的快樂值得珍藏，畢竟還有前行的勇氣。

每個人心裡都有隱痛。一切都會過去。青春的傷，只是深夜的一場夢，天亮後醒來，擦乾淚水，還可以重新再來。

詩人席慕容曾經寫過一首詩，叫作《一生倒有半生，總是在清理一張桌子》。她寫道：「一生倒有半生，總是在清理一張桌子，清理所有過時，錯置，遺失，以至終於來不及挽救的我的歷史。」

在回憶的峽谷中跌得愈深，便愈是不能自拔，可是無論你有多大本事都無法重寫過去的那段歷史，而即將發生的歷史如何著筆可全由自己。今天是一筆無窮無盡的財富，要多豐美就有多豐美，要怎樣創造就可以怎樣創造。只有現實的水域才可以幫助生活的船帆抵達希望的彼岸！

畢竟人還是要活在當下。

而當下就是現在的剎那，時時刻刻連續著過去和未來。在我們的人生中，起決定作用的既不是昨天也不是明天，而是「此時此刻」。

在離開校園的象牙塔，走進社會的的那一刻，這個世界便裹挾著巨大的訊息劈天蓋地地迎面撲來，以前單純的世界觀、價值觀可能都會受到衝擊，逐漸再定型。人在逐漸成熟的階段，最需要培養的是獨立思考的能力和判斷力。你要選擇自己下一階段的跑道，你要為未來做鋪墊，打下堅實的基礎，所以你不能人云亦云，心急火燎地隨大流，急不可待地湊熱鬧。你要冷靜，你要堅定，你要認識到自己的生命在這世間的獨特意義。於你而言，簡單生活的精髓便是堅持，不受干擾地邁著自己的步伐，按照自己的節奏活出想要的人生。

如果你受挫了，摔倒了，那就拍拍身上的土，重新再上路。

……

看過了風景，經歷了繁華，走過了歲月，或許你變成一個有傷痕，也有故事，有疼痛，也有擔當的成年人。歷盡千帆才終於明白：簡單，才是應對這個複雜世界的最大利器。

你越來越明白，生命中最珍貴的東西是什麼。你把想要的牢牢握在手心，多餘的無情拋開。

一路走來，你卸下的東西越來越多，你不會再讓那些繁華的、虛榮的、迷離的負擔壓在你的肩頭，影響你前行的速度。你清理枝枝蔓蔓，把一切都梳理得井井有條，絕對不允許自己的生命再與一些繁文縟節糾纏不清。

簡單生活的人生態度，就像一把護身利劍，在複雜的生活裡，幫你披荊斬棘，也讓你不忘初心，始終活得乾脆俐落而又充實飽滿。

你以簡單對待世界，世界便以簡單回報你。

你目標清晰，眼神堅定，從世俗的觀念中破土而出，活成自在、舒展、通透的自己。

不戀過往，不畏將來。把一切都獻給現在。

將來的你，一定會感謝現在慷慨的自己。

將來的你，一定會感謝現在簡單的自己。

國家圖書館出版品預行編目資料

簡單，應對複雜世界的利器：不再內耗的六大心法，專注真正重要的事 / 姬曉安作 .
-- 臺北市：三采文化 , 2020.03
面；　公分 . -- (Mind map ; 203)
ISBN 978-957-658-320-9(平裝)

1. 自我實現 2. 成功法

177.2　　109001625

MindMap 203

簡單，應對複雜世界的利器

不再內耗的六大心法，專注真正重要的事

作者｜姬曉安
副總編輯｜鄭微宣　責任編輯｜劉汝雯　版權負責｜孔奕涵
美術主編｜藍秀婷　封面設計｜高郁雯　內頁排版｜新鑫電腦排版工作室

發行人｜張輝明　總編輯｜曾雅青　發行所｜三采文化股份有限公司
地址｜台北市內湖區瑞光路 513 巷 33 號 8 樓
傳訊｜TEL:8797-1234　FAX:8797-1688　網址｜www.suncolor.com.tw
郵政劃撥｜帳號：14319060　戶名：三采文化股份有限公司
本版發行｜2020 年 04 月 01 日　定價｜NT$340

本作品中文繁體版通過成都天鳶文化傳播有限公司代理，經六人行（天津）文化傳媒有限全司授予三采文化股份有限公司獨家出版發行，非經書面同意，不得以任何形式，任意重制轉載。

著作權所有，本圖文非經同意不得轉載。如發現書頁有裝訂錯誤或污損事情，請寄至本公司調換。 All rights reserved.
本書所刊載之商品文字或圖片僅為說明輔助之用，非做為商標之使用，原商品商標之智慧財產權為原權利人所有。